This book belongs to:

01
LINE & SHAPE

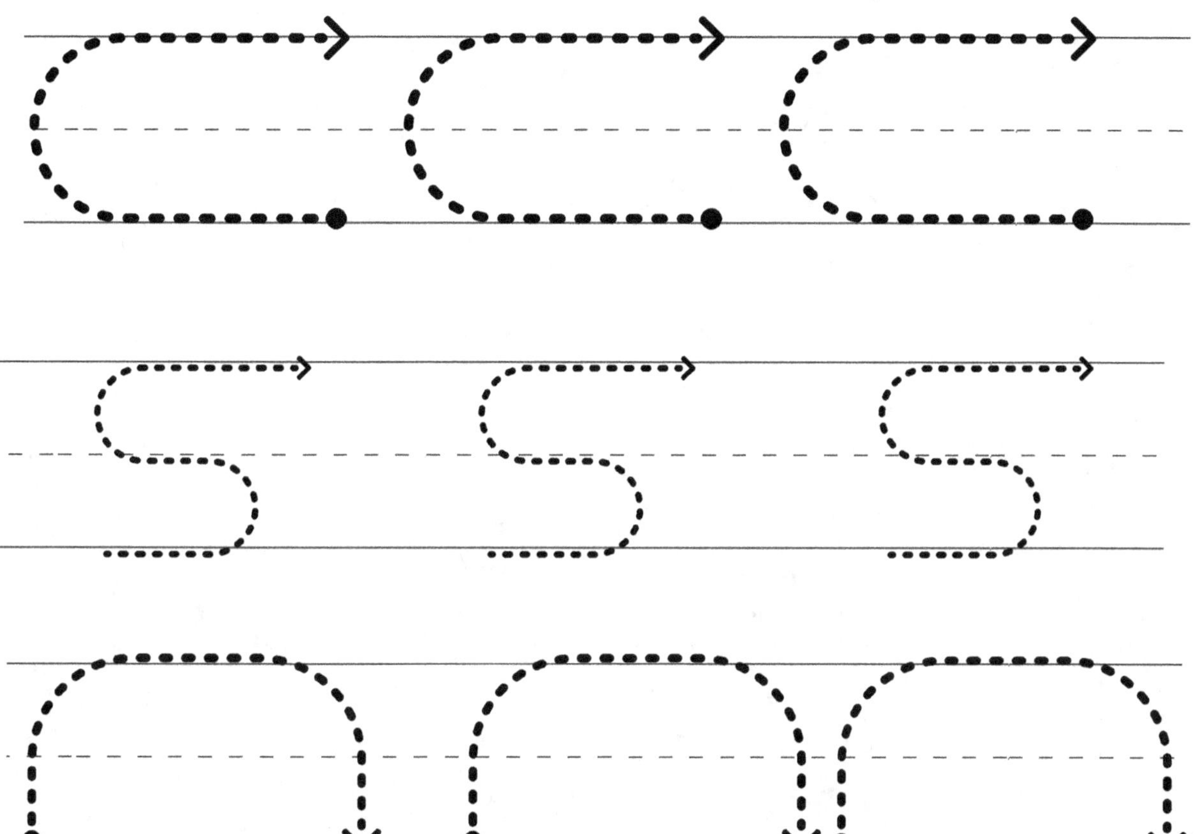

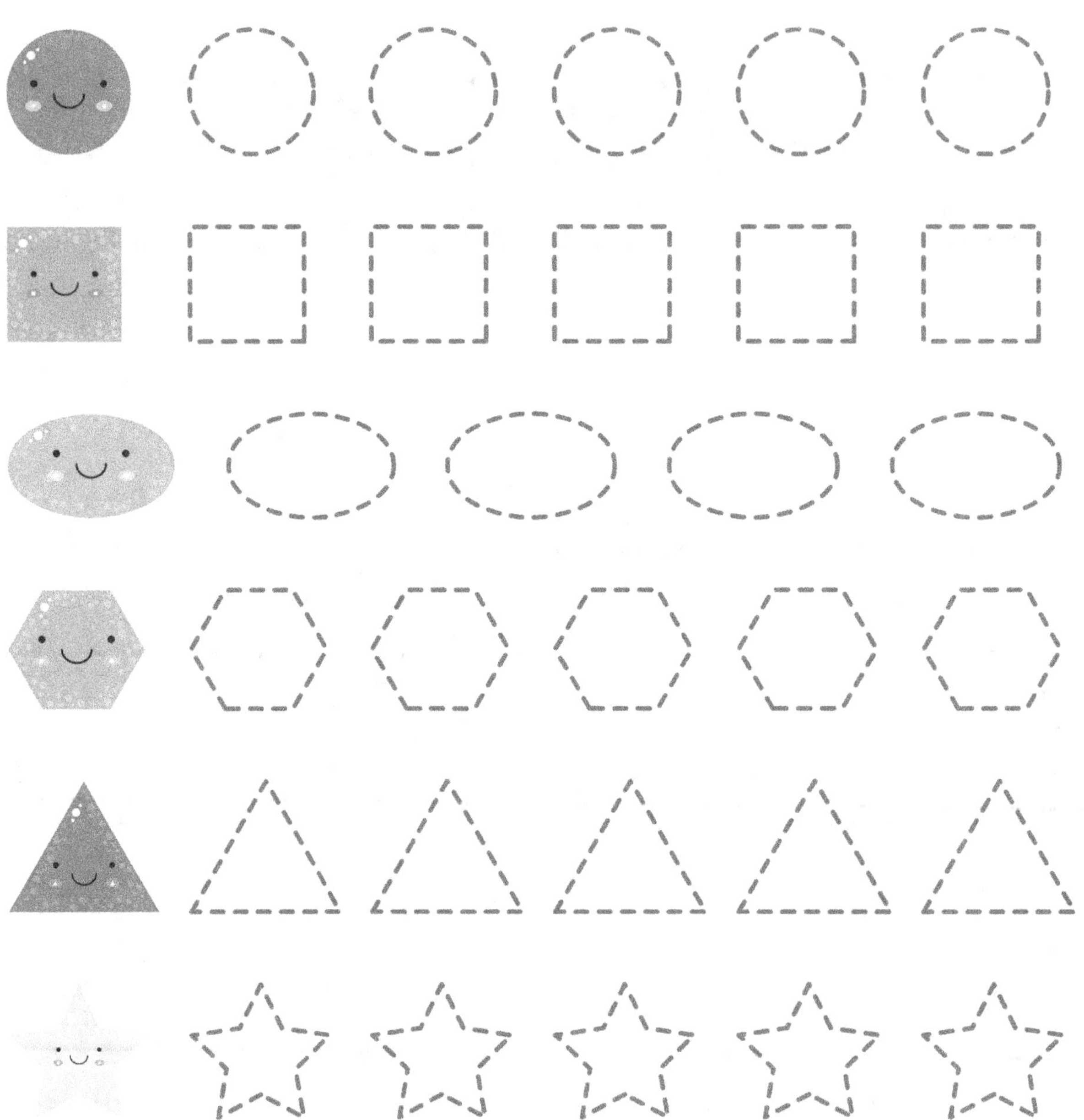

02
ALPHABET

A a

Airplane

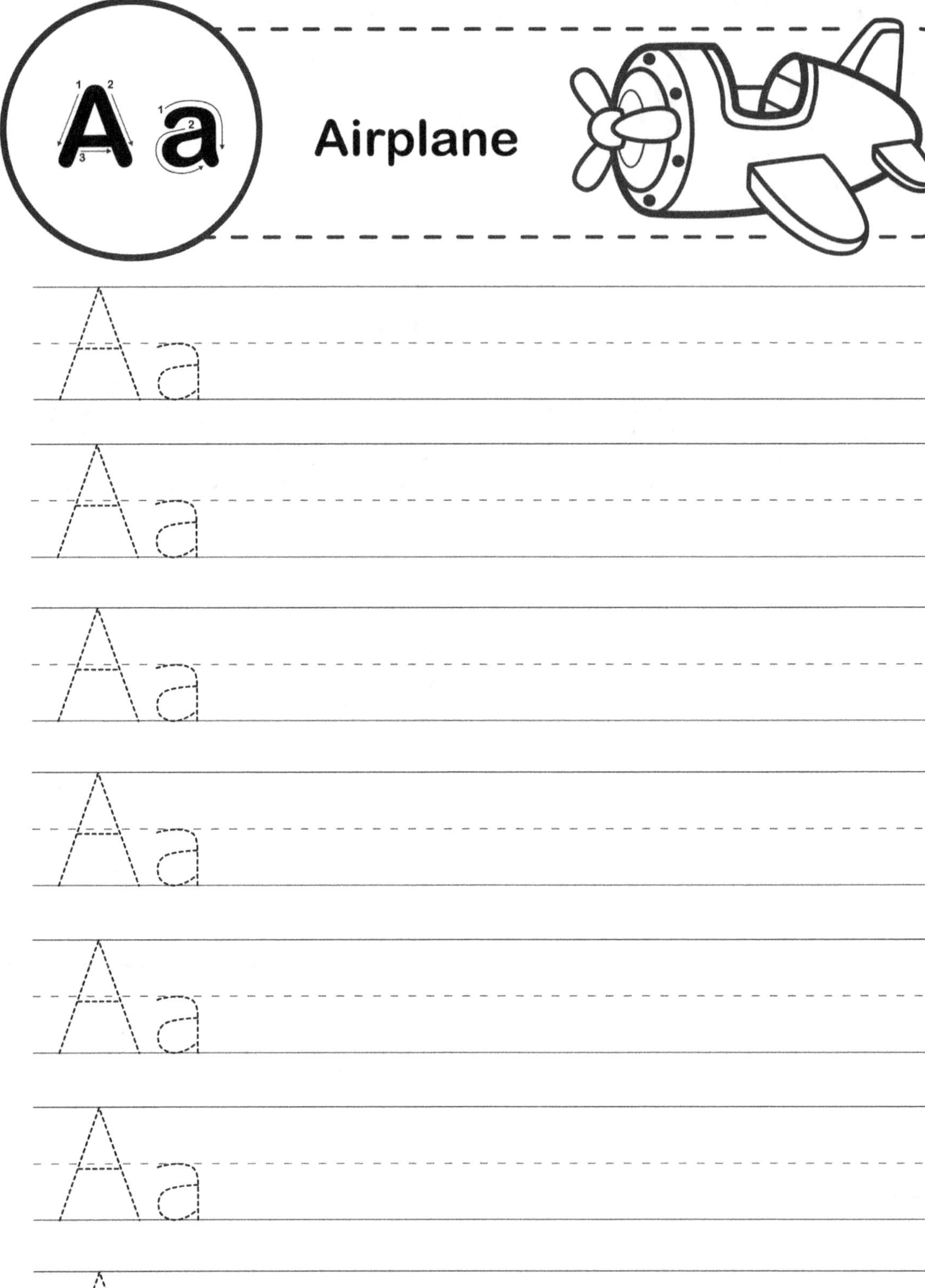

Aa

Ant

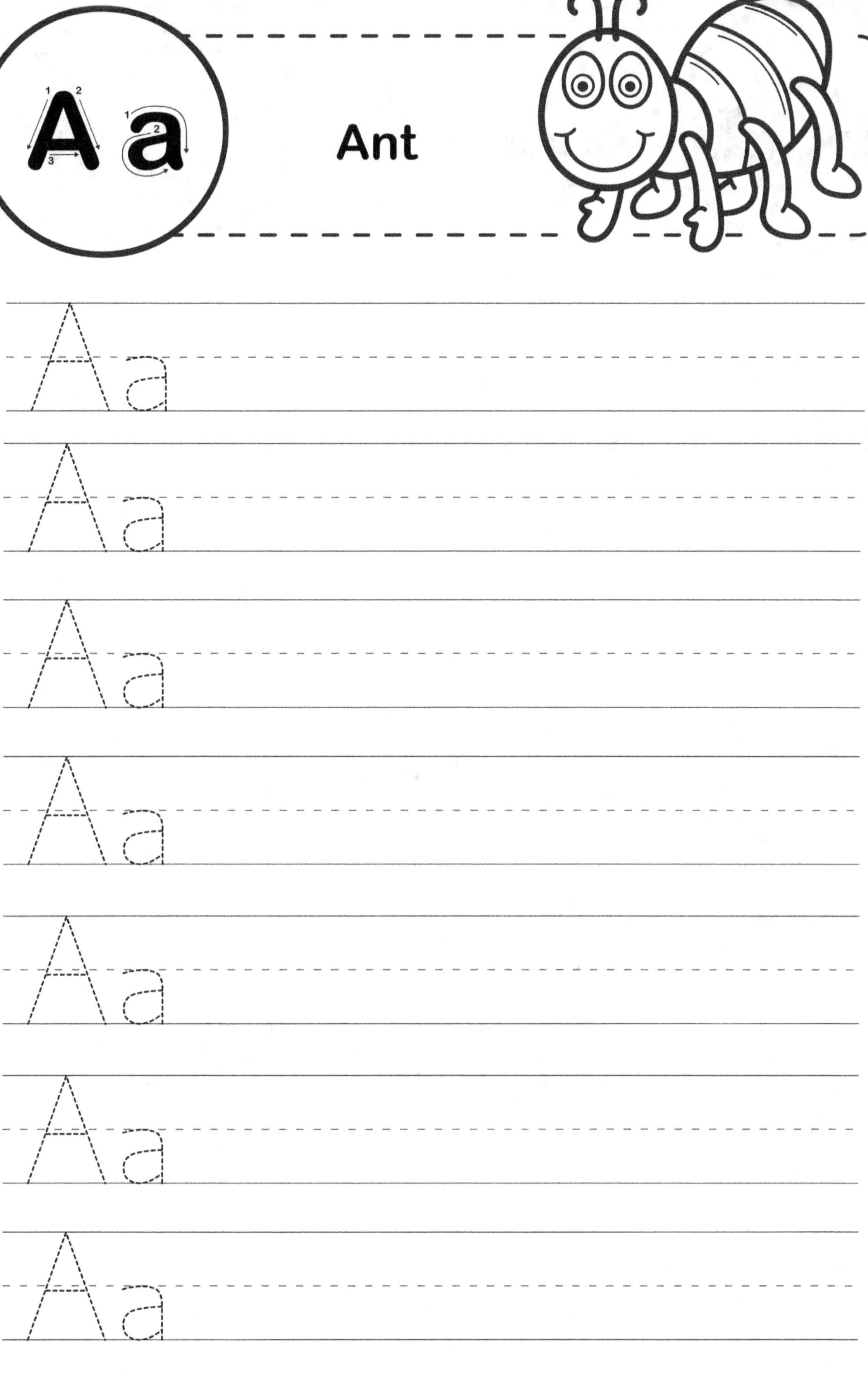

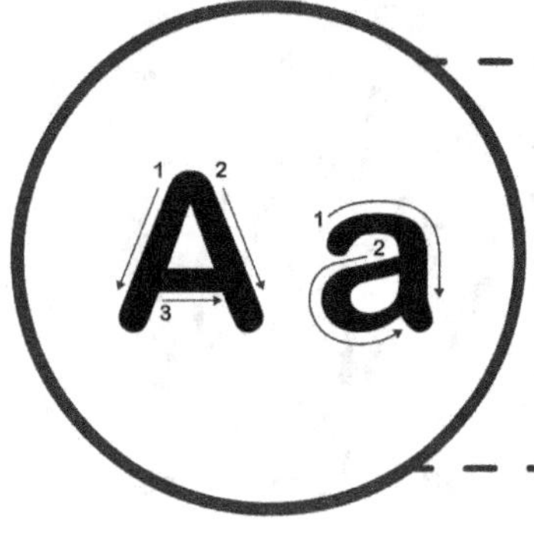

Alligator

Alligator

B b

Bee

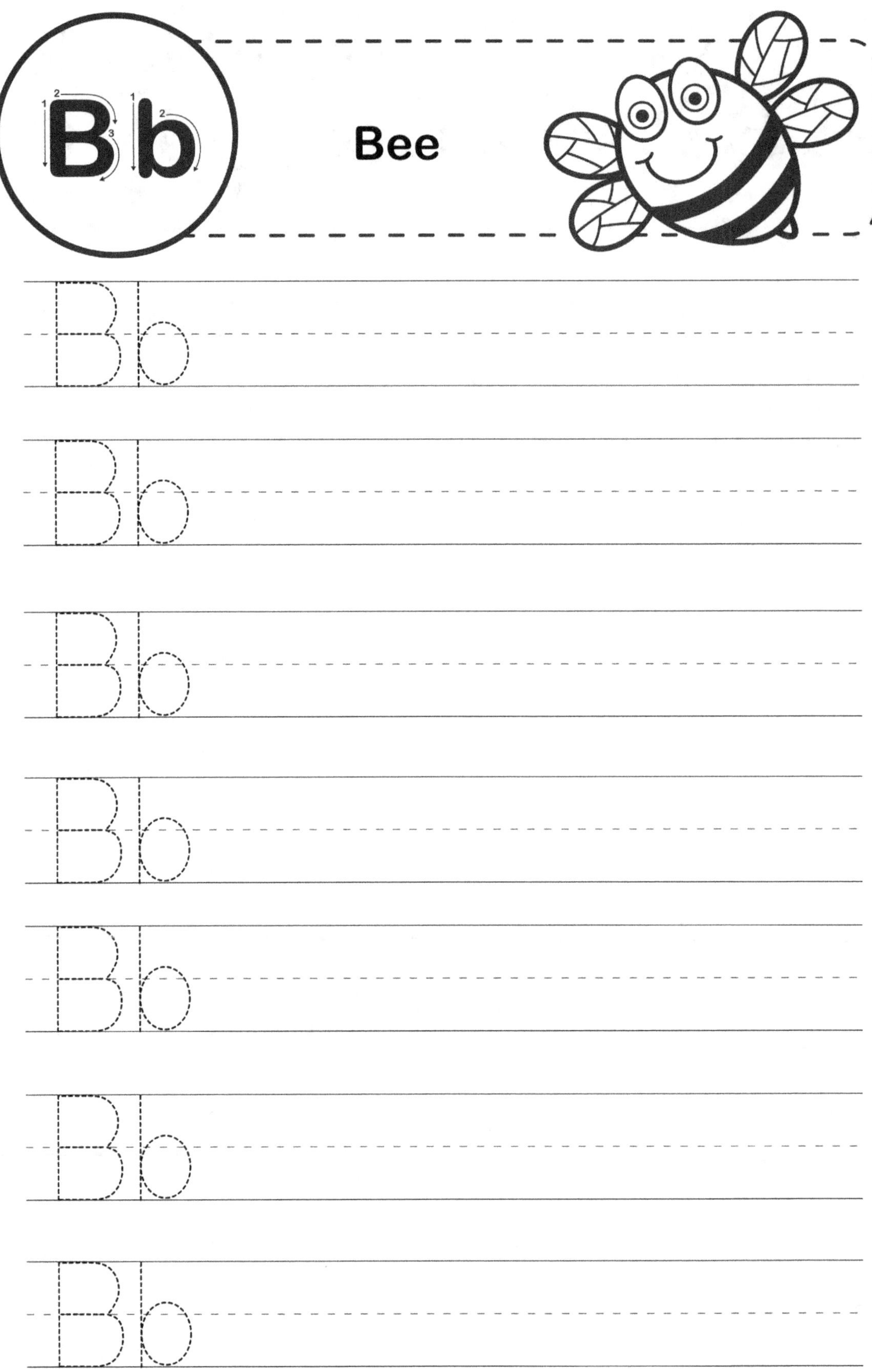

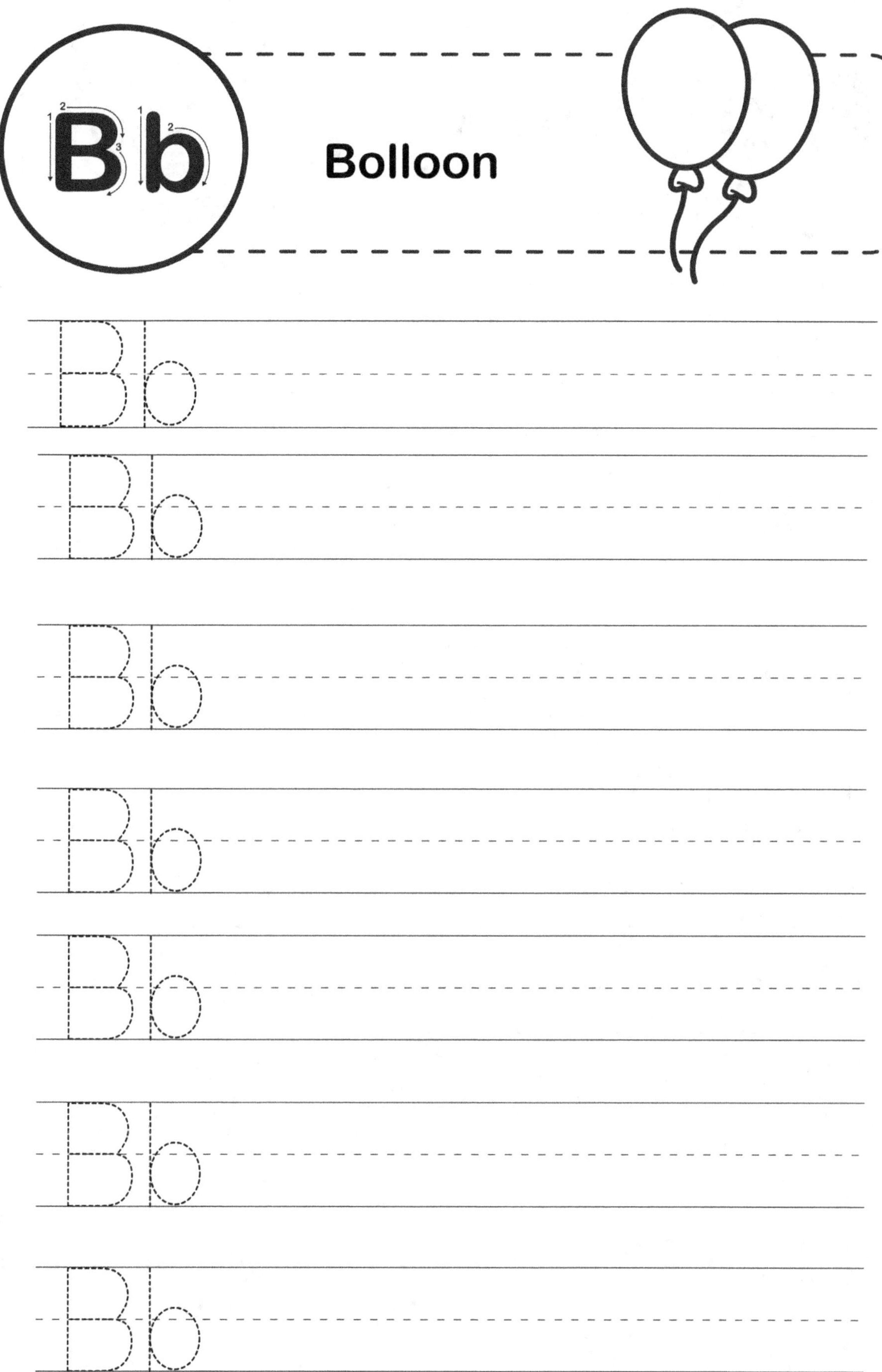

B b

Bolloon

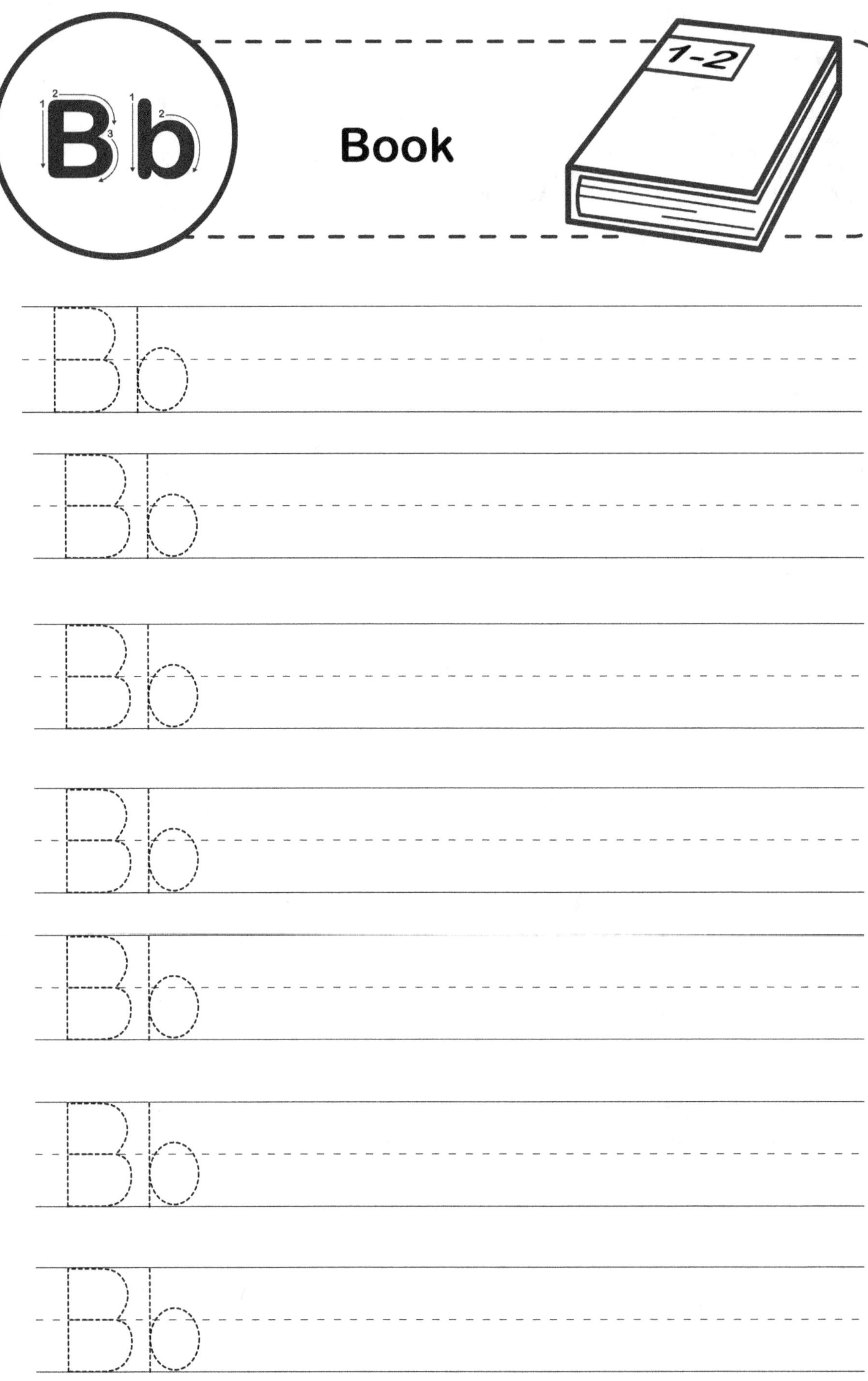

B b
Book
1-2

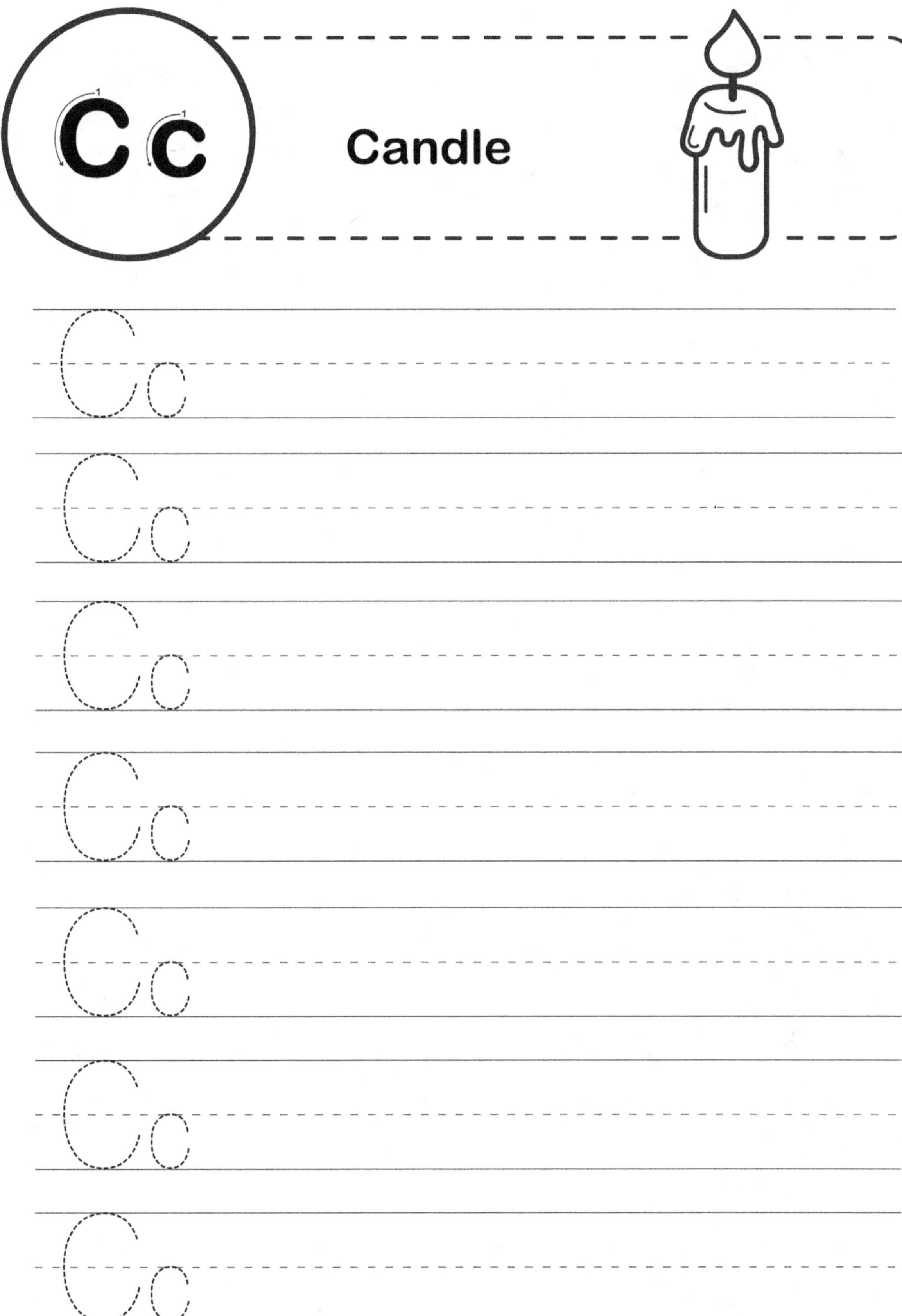

Cc

**Candle

Cc

Cake

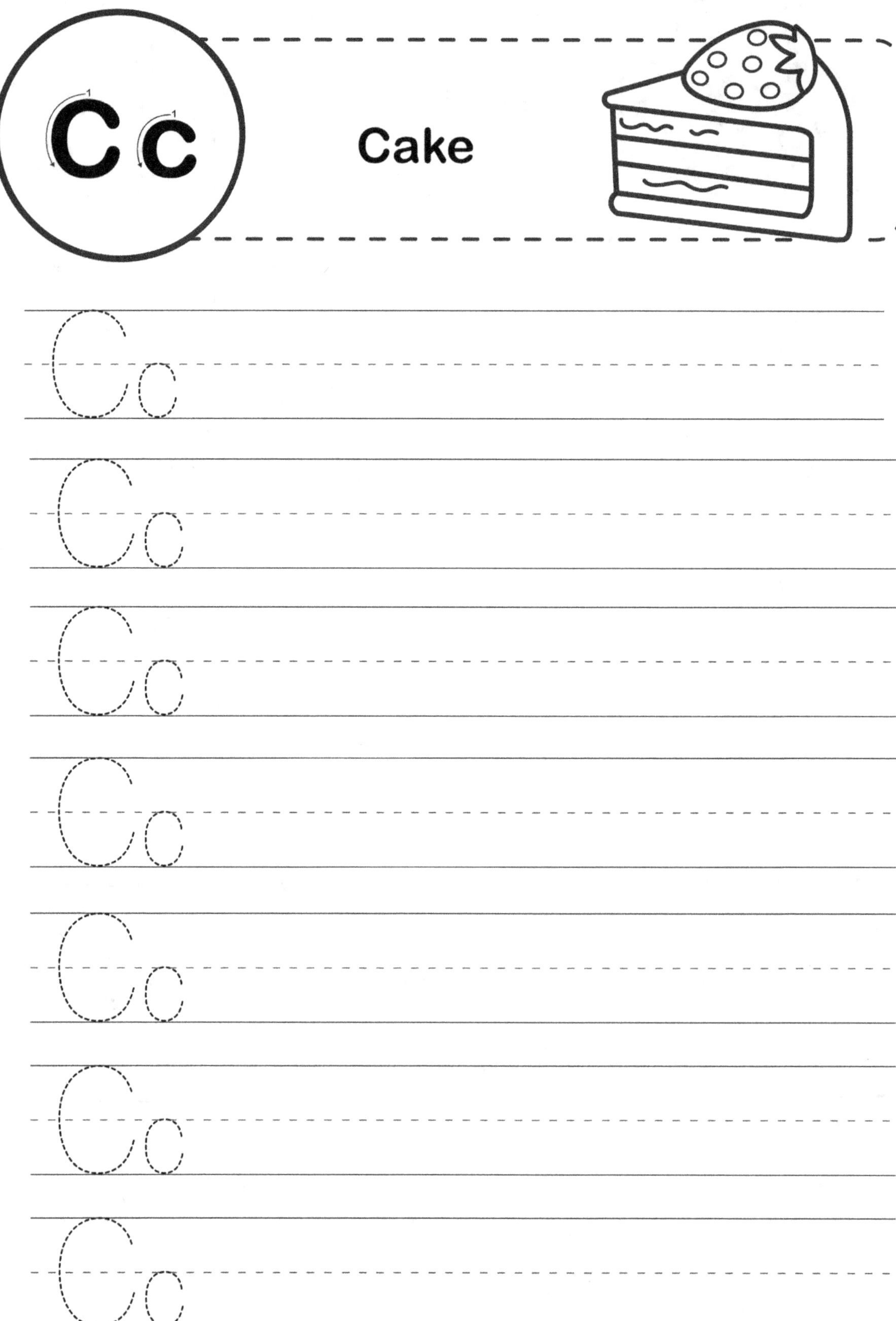

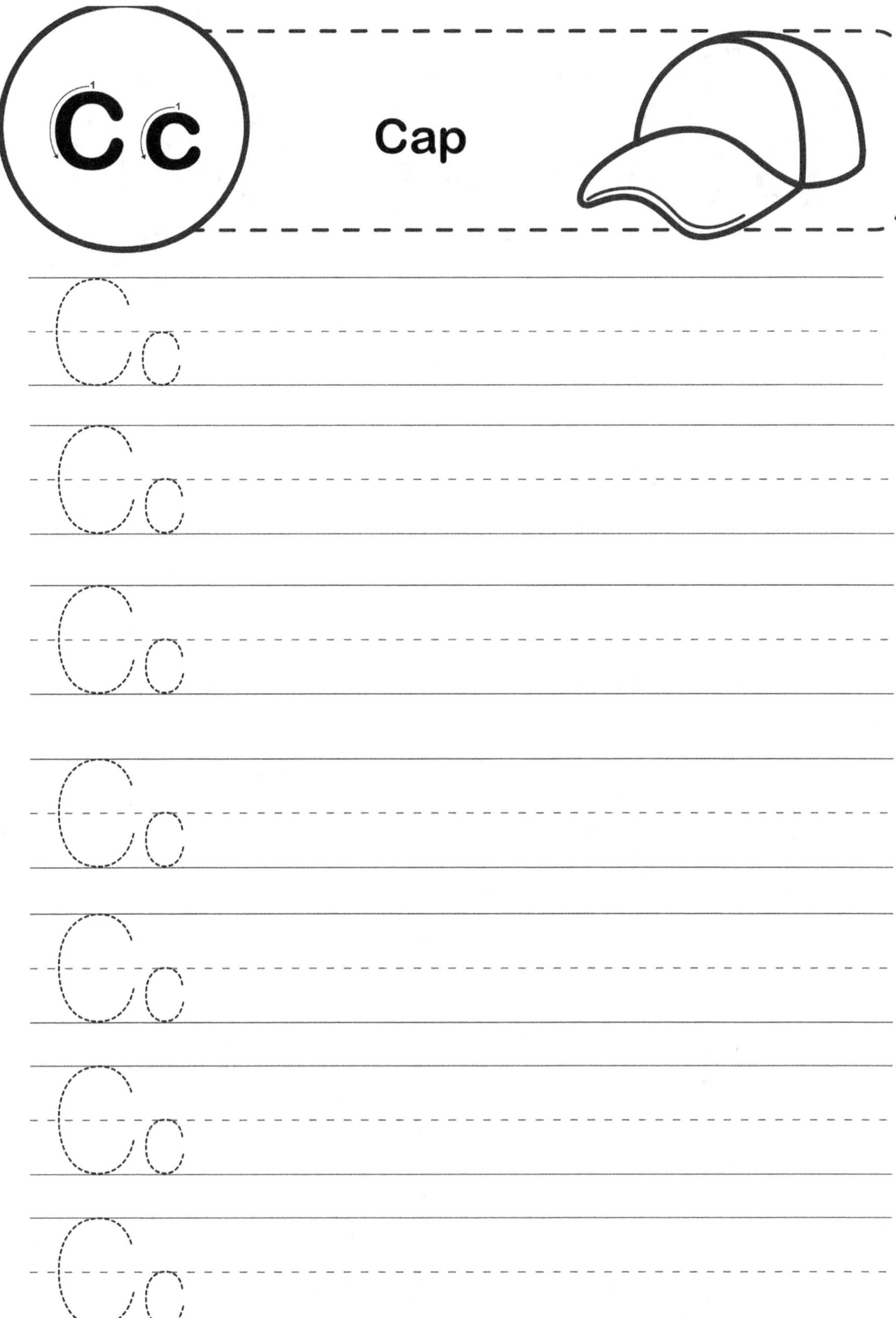

Cc

Cap

Dolphin

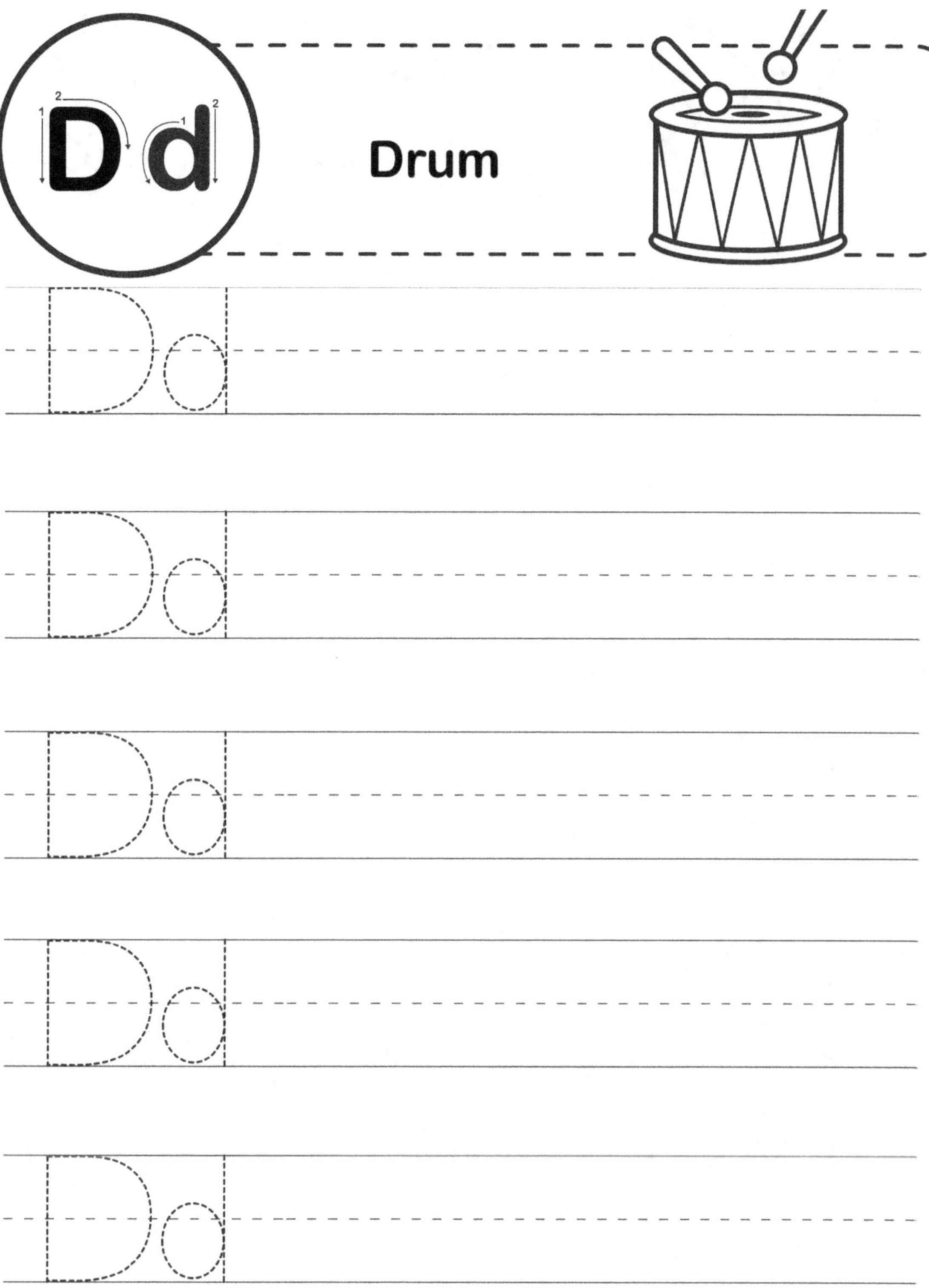

Dd

Drum

D d

Duck

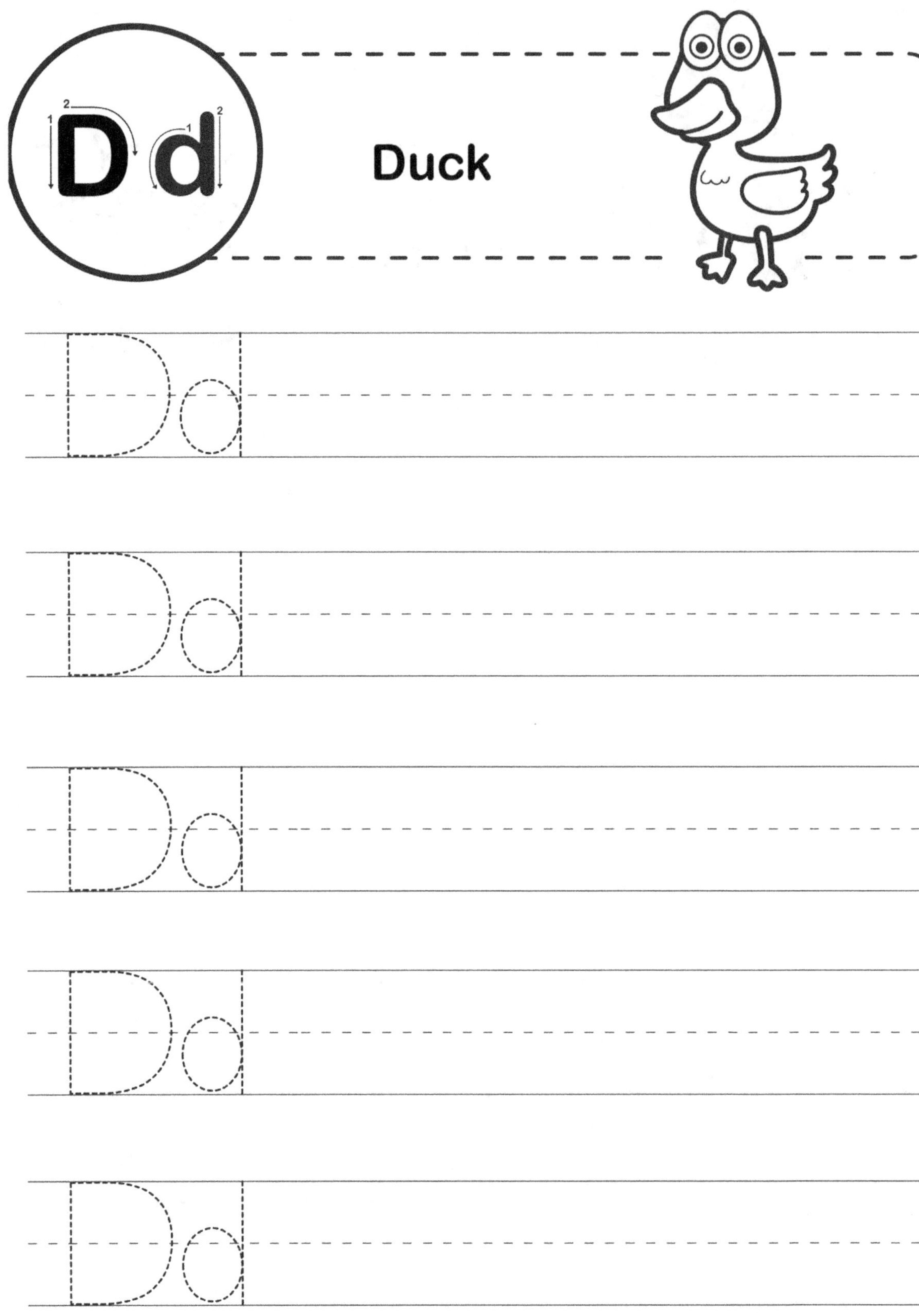

Ee

Elephant

Ee
Egg

Earth

F f

Flower

F f

Frog

F f

Fork

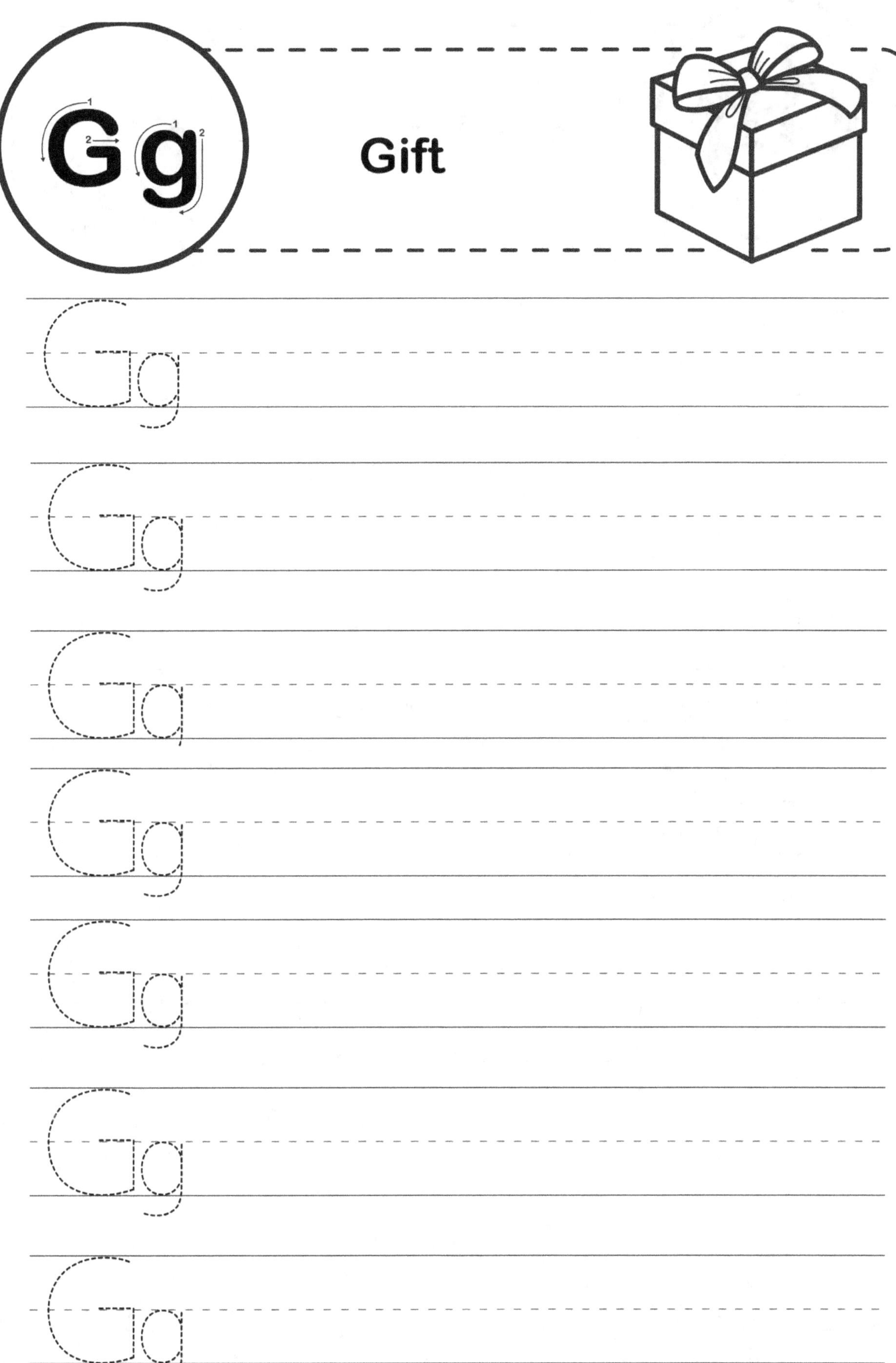

Gift

Gg

Goat

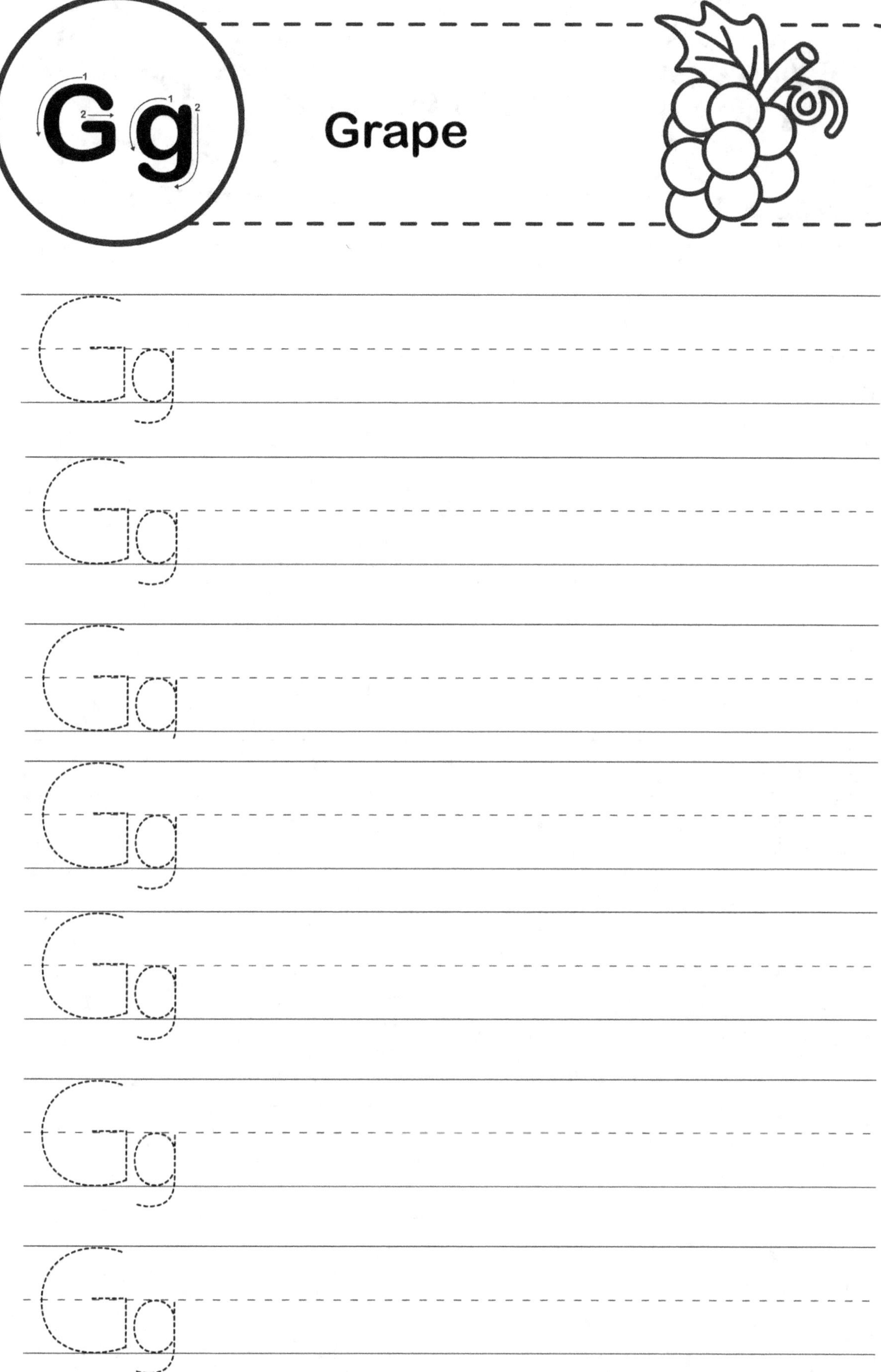

Grape

Rocket

R r

Robot

R r

Rabbit

Hh

Hat

Hotdog

House

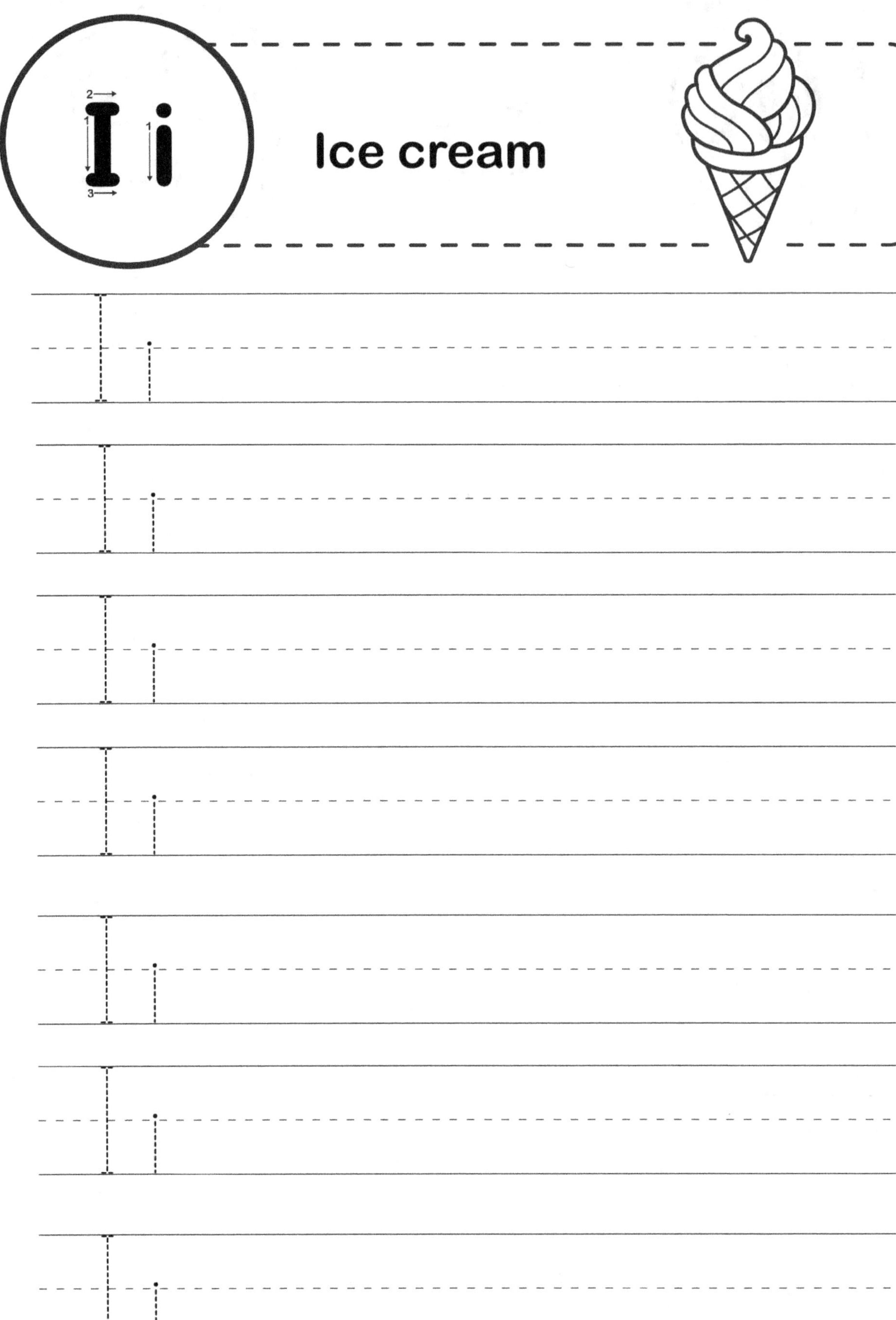

I i
Ice cream

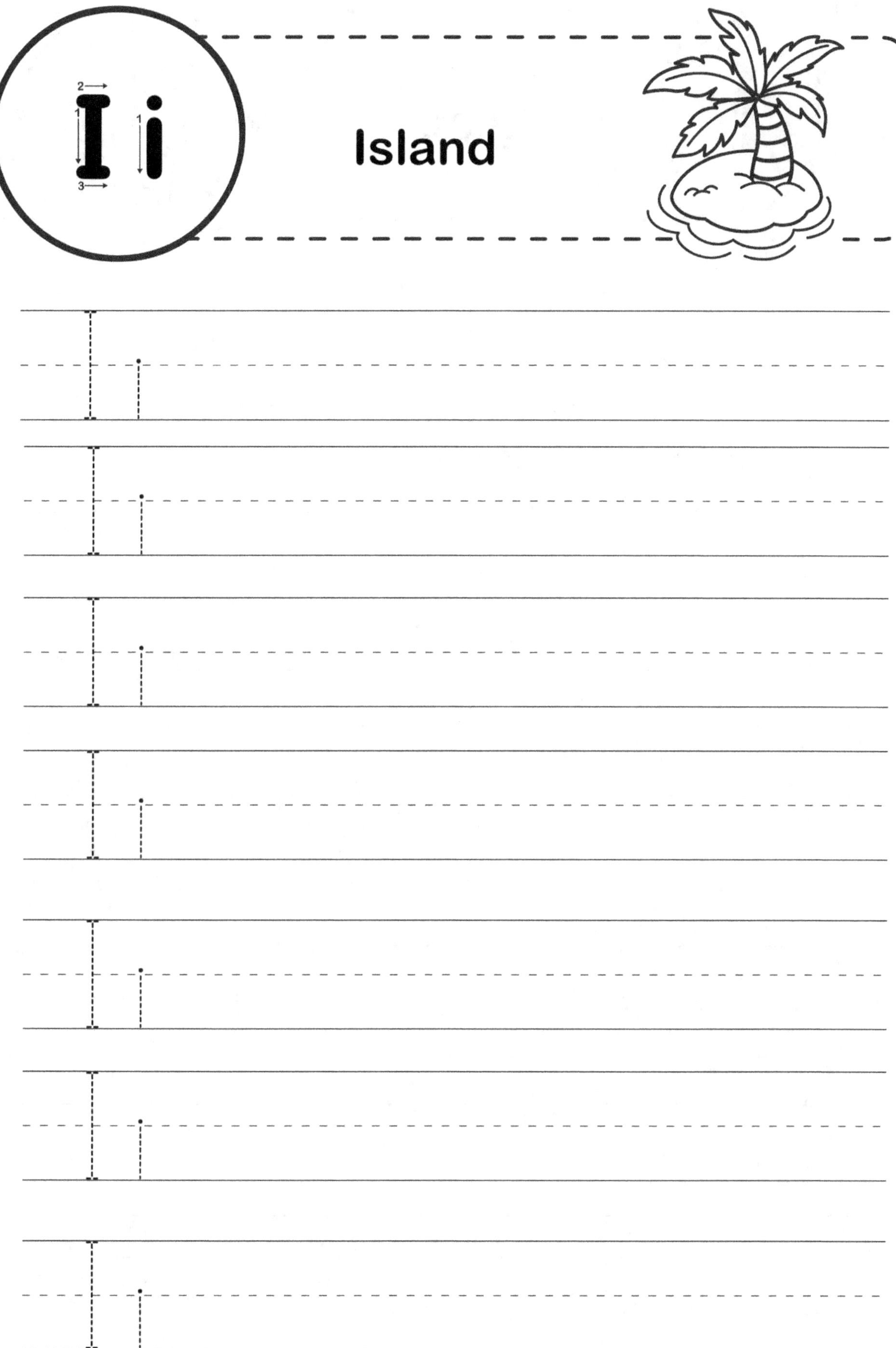

Island

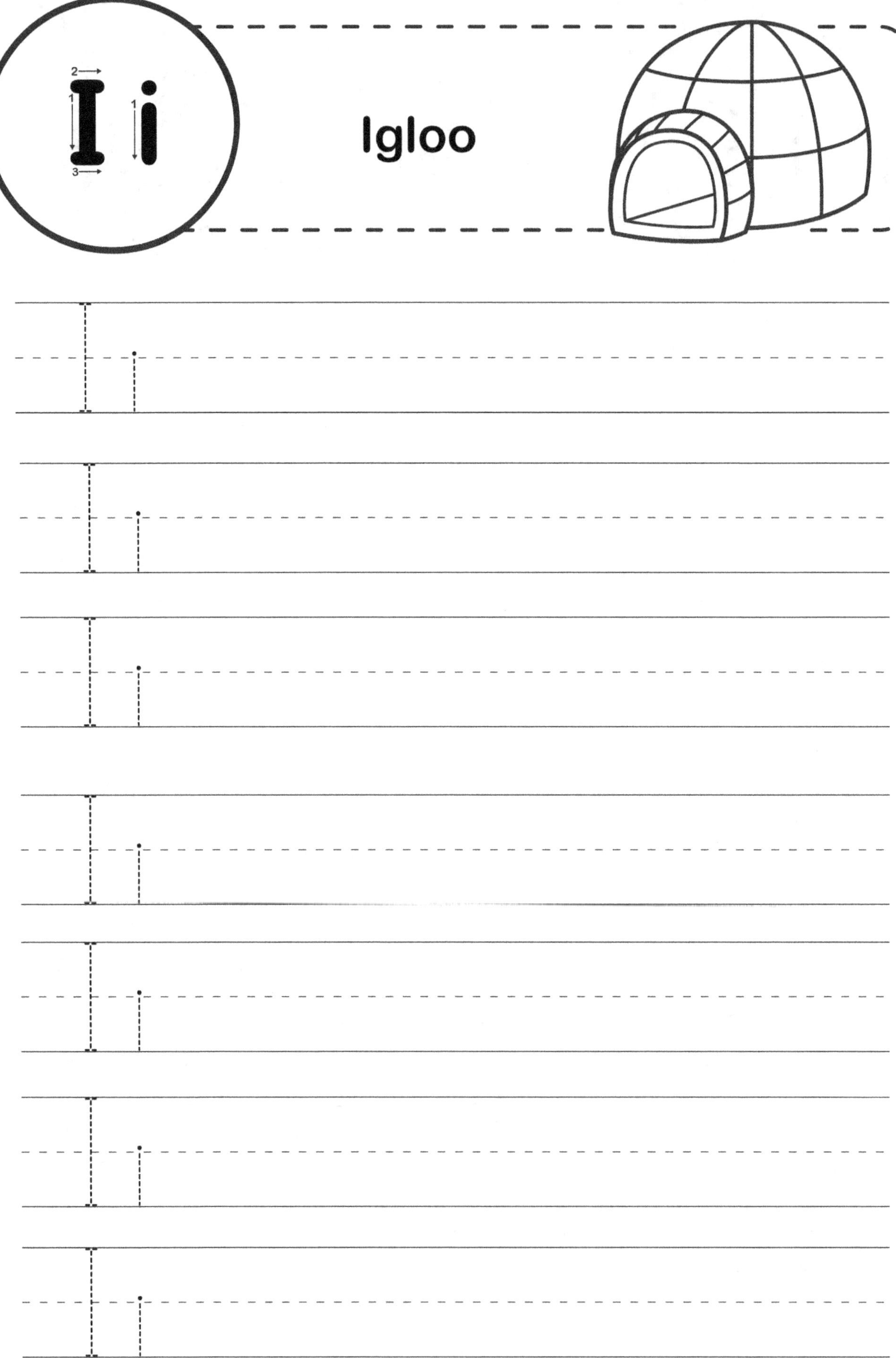

Igloo

J j

Jam

J j

Juice

J j

Joker

Kk

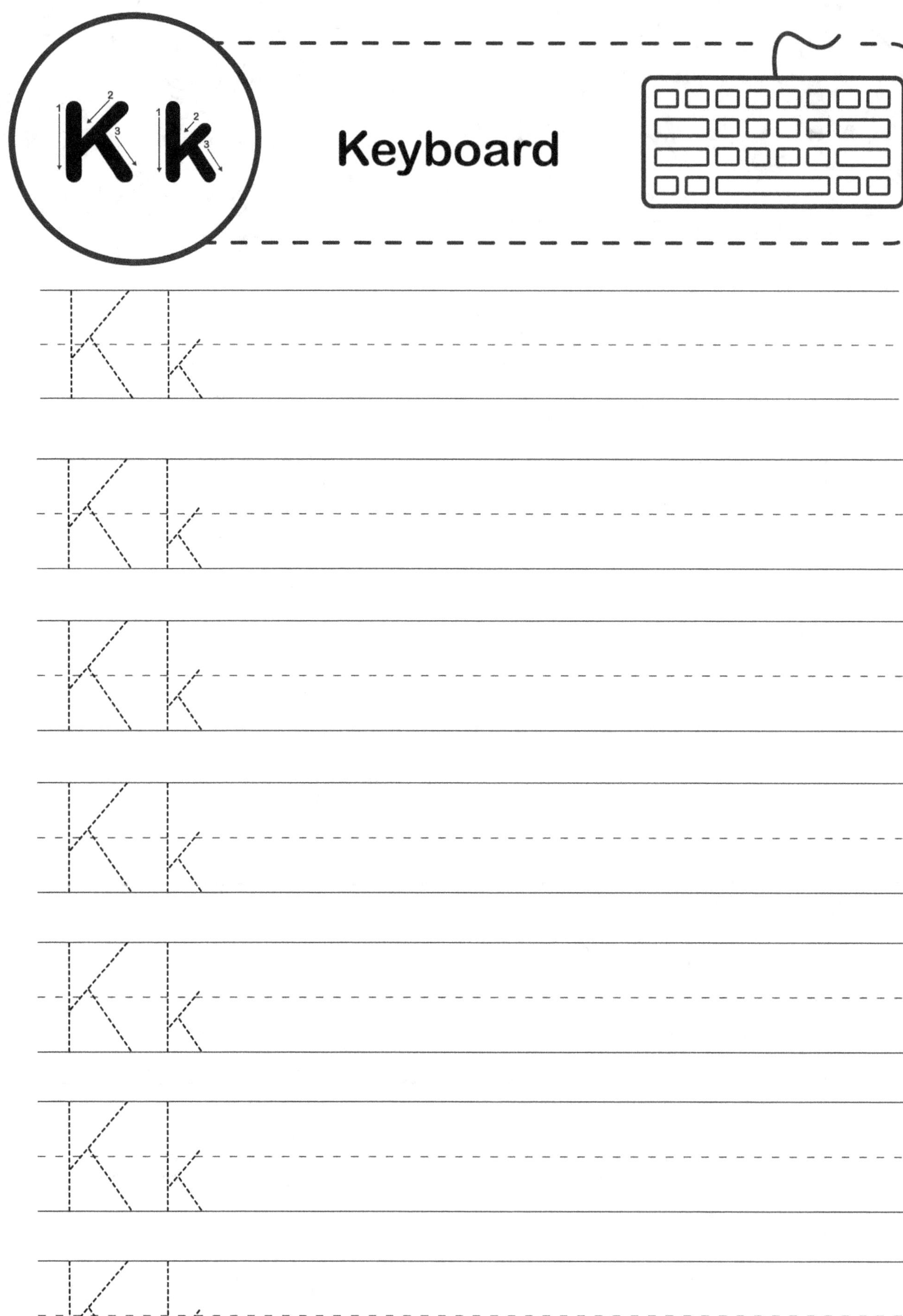

Keyboard

K k
King

Kangaroo

L l
Lamp

Ladybug

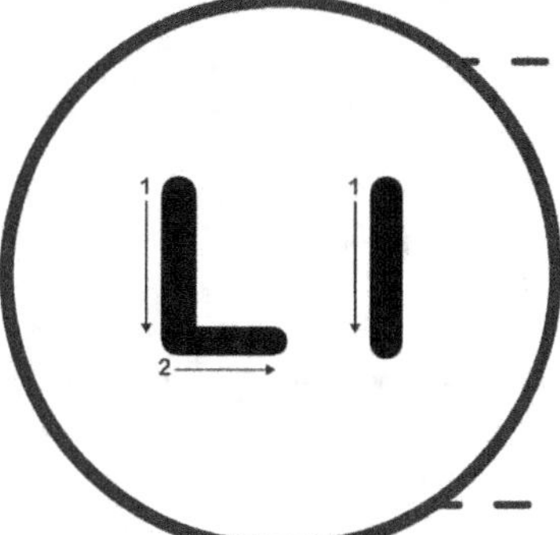

Ll

Leaves

Mm

Mouse

Mushroom

Motorcycle

Nn

Note

Nn

Nut

Nest

Oo
Orange

Owl

Old

Penguin

Q q

Quail

Q q

Queen

Q q
Quilt

Ss
Socks

S s

Sheep

S s

Seal

Tt

Tomato

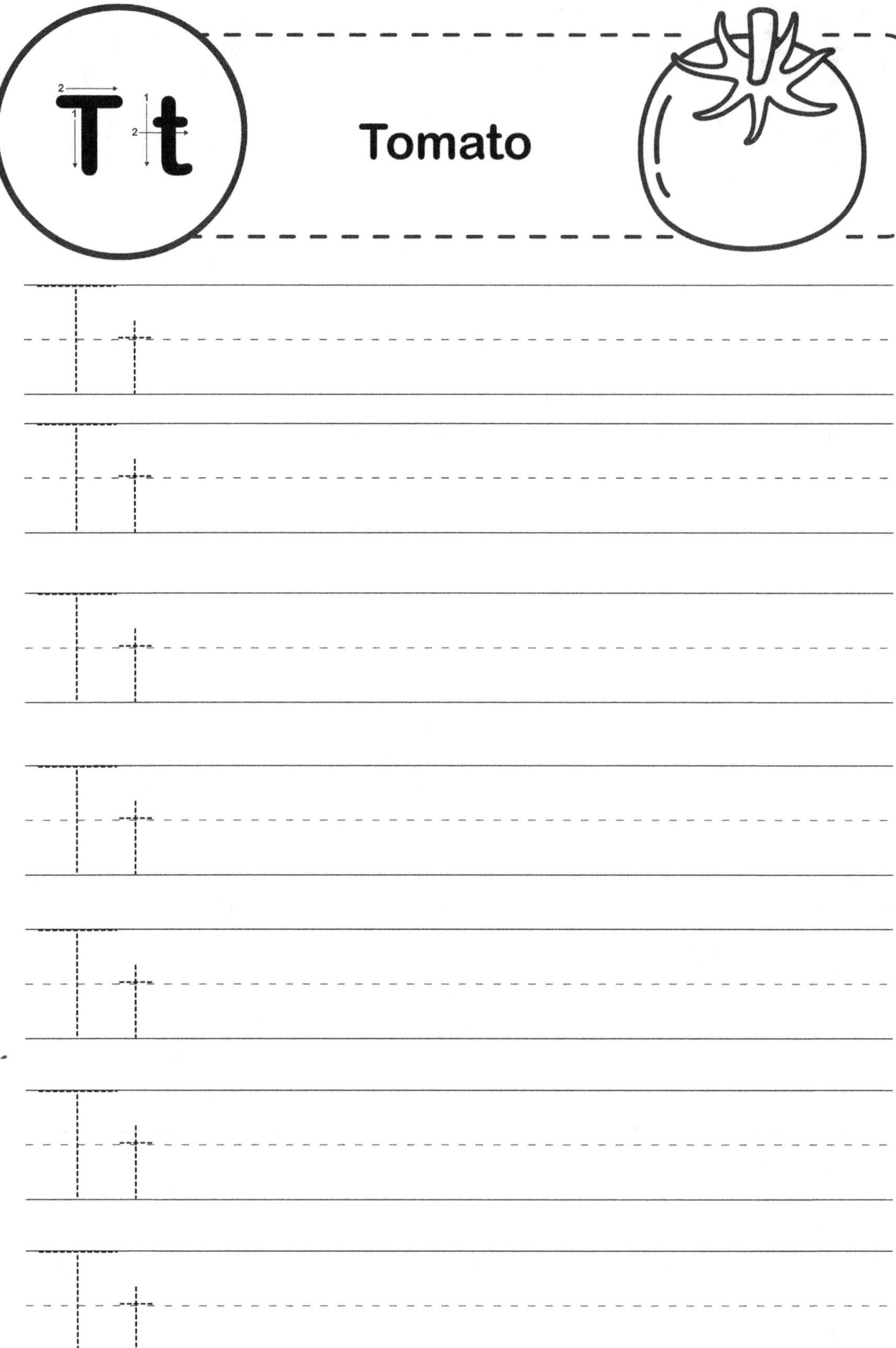

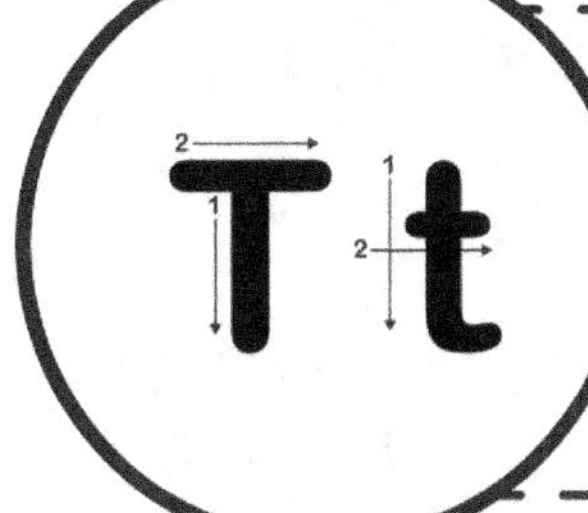

Telephone

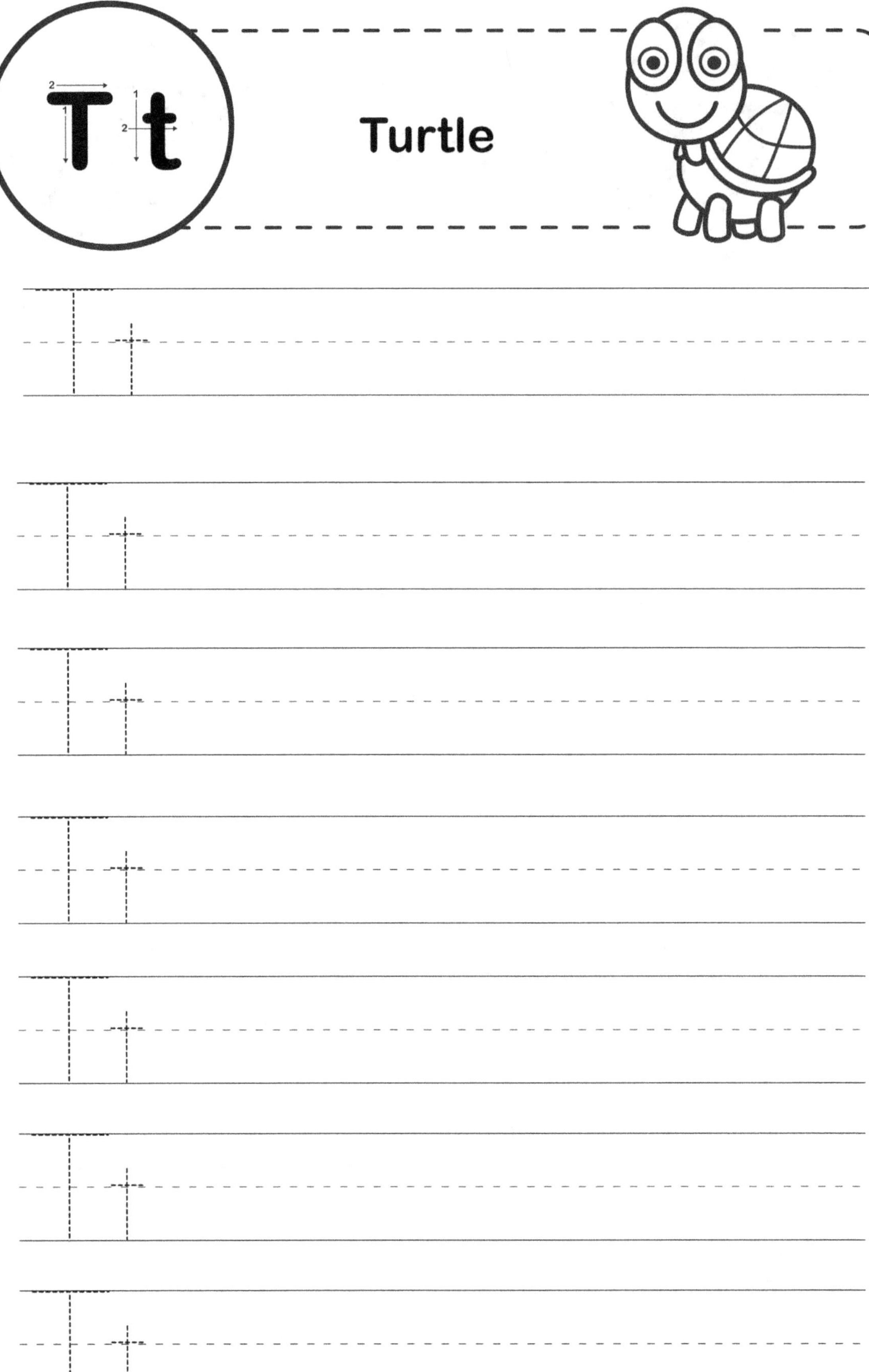

T t

Turtle

Ufo

U u

Unicorn

U u

Umbrella

Vv

Video

V v
Vulture

V v
Van

W w

Watermelon

Worm

Ww

Whale

Xx

Xenops

X-ray

Xx

Xylophone

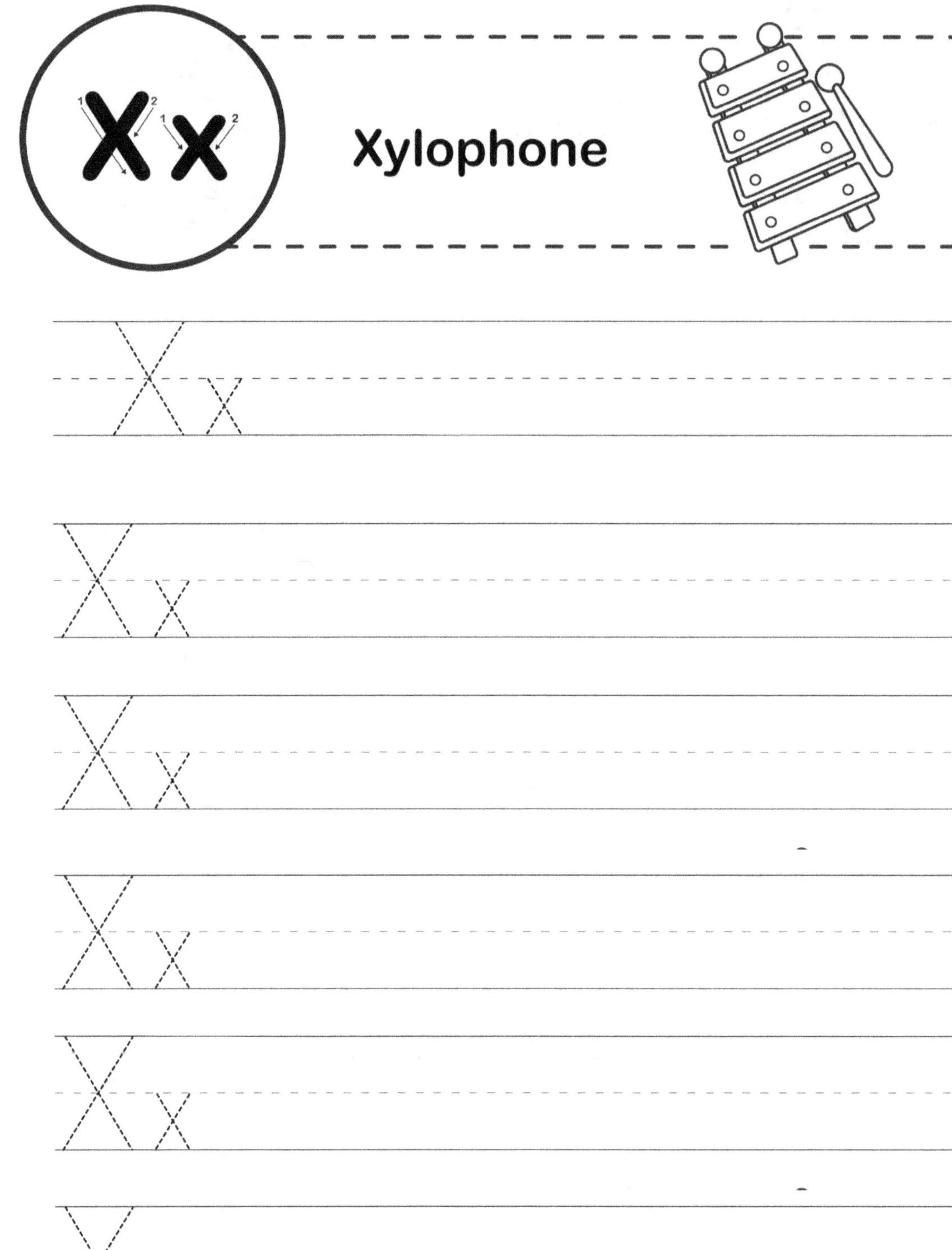

Yy

Yogurt

Yy

Yacht

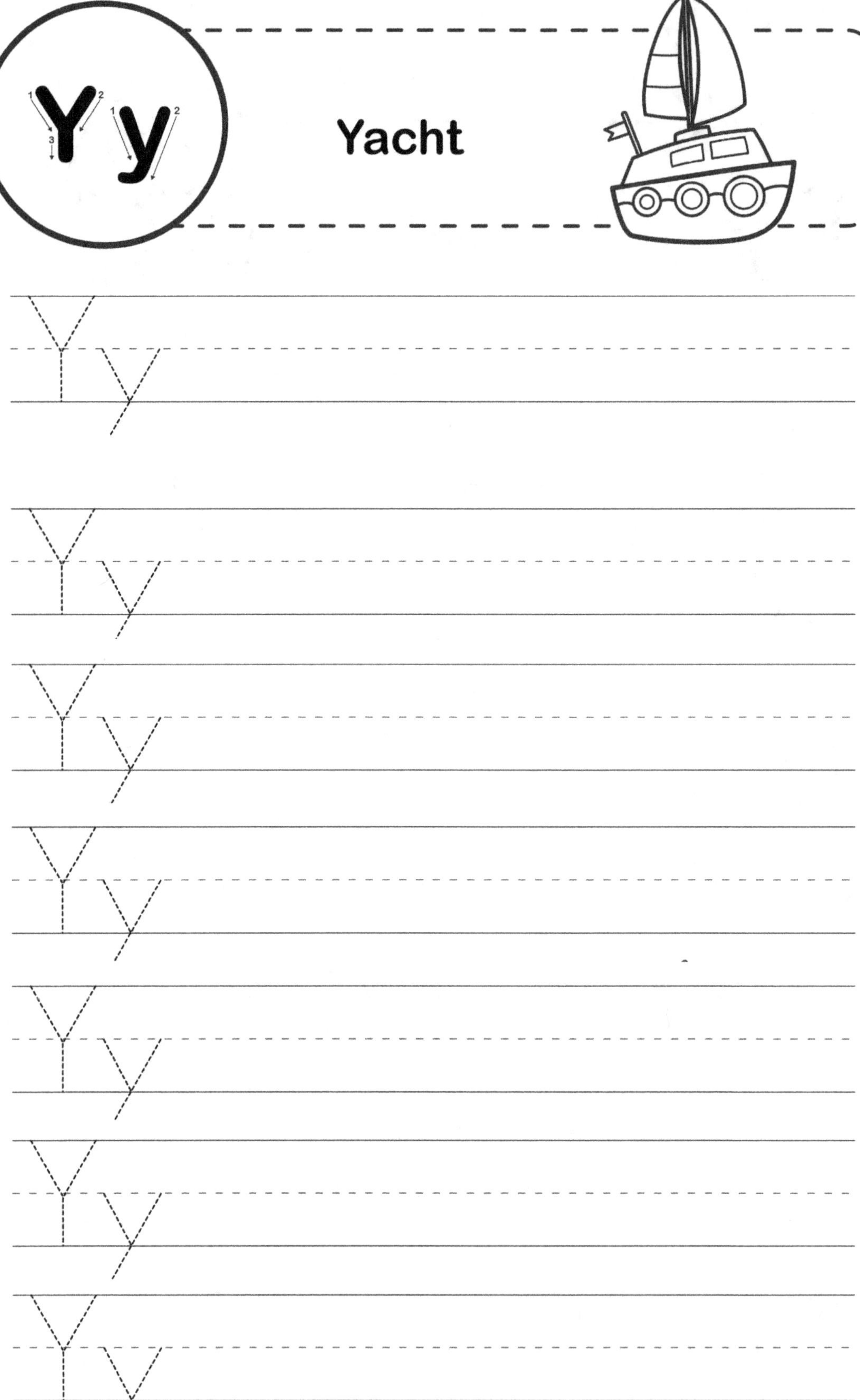

Yarn

Zz

Zebra

Zz

Zoo

Z z

Zipper

03
NUMBER

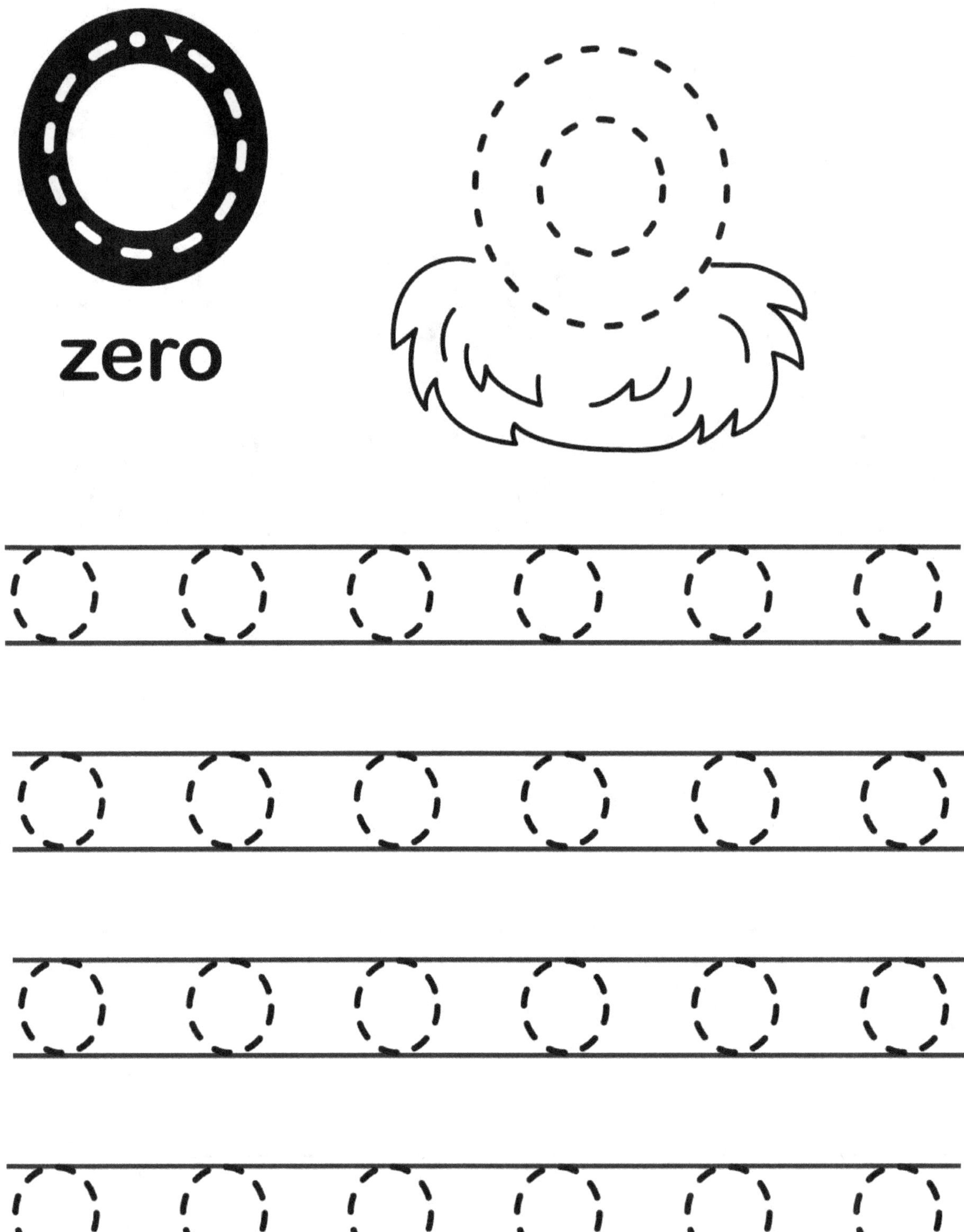

zero

1
one

2
two

3
three

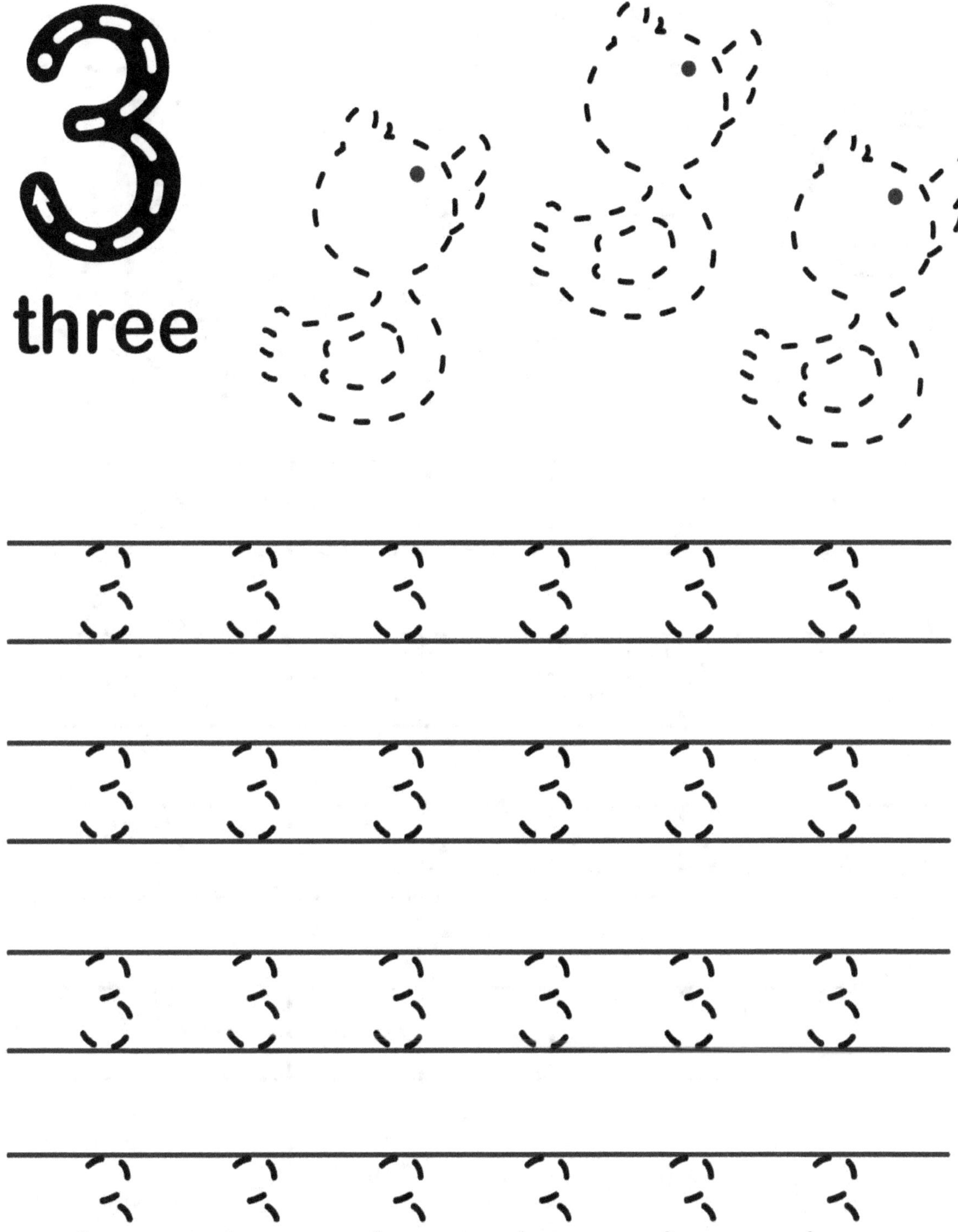

4
four

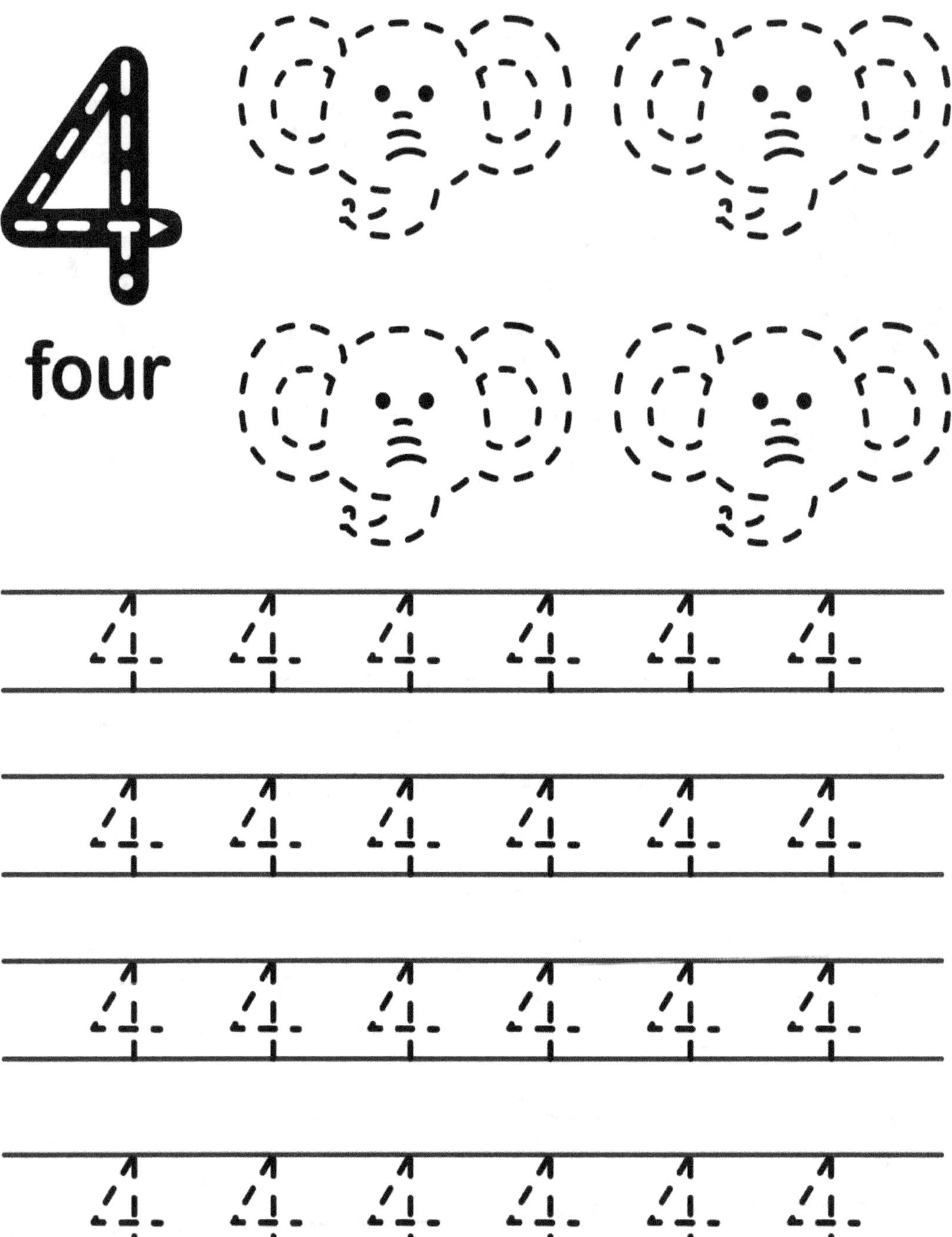

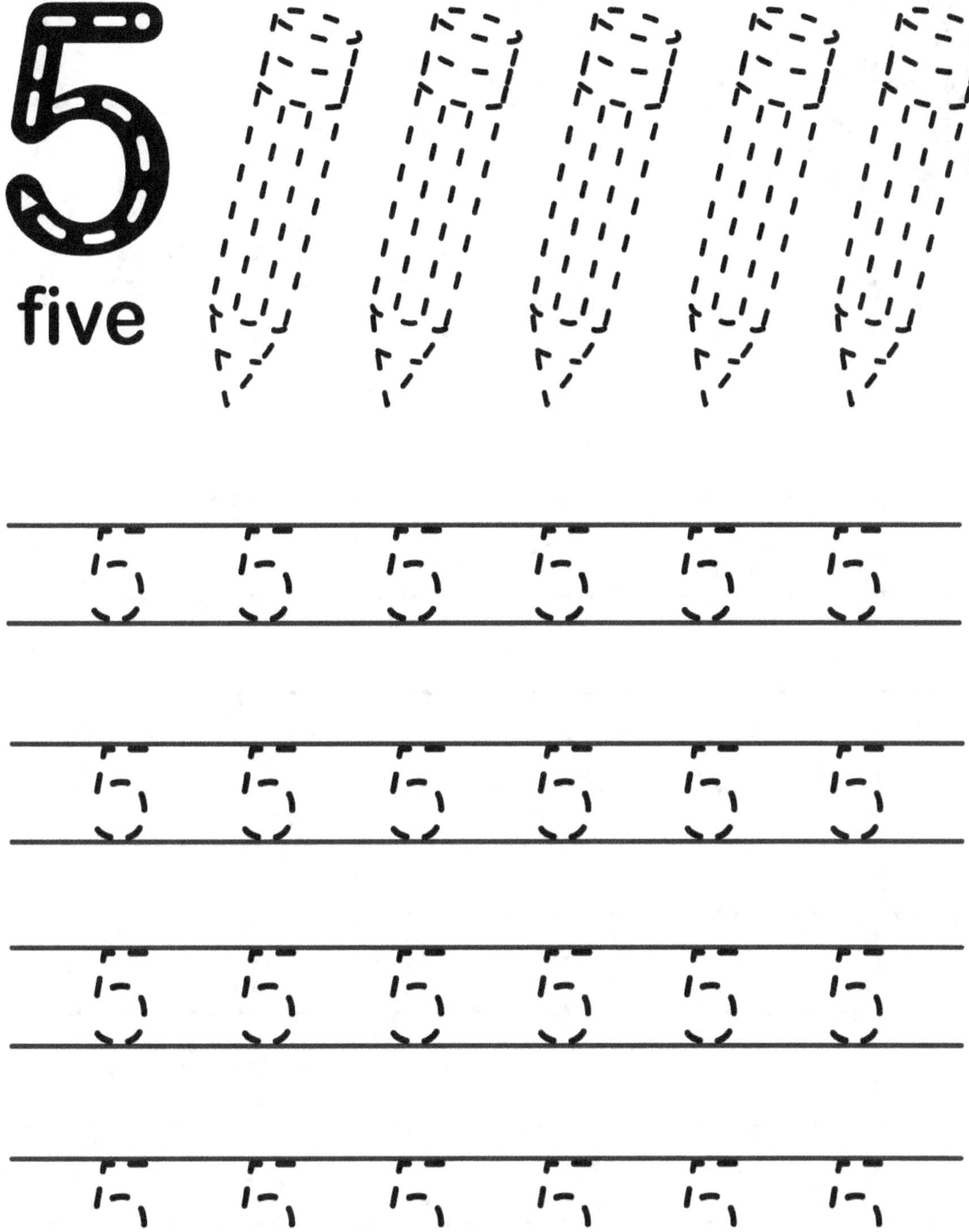

5
five

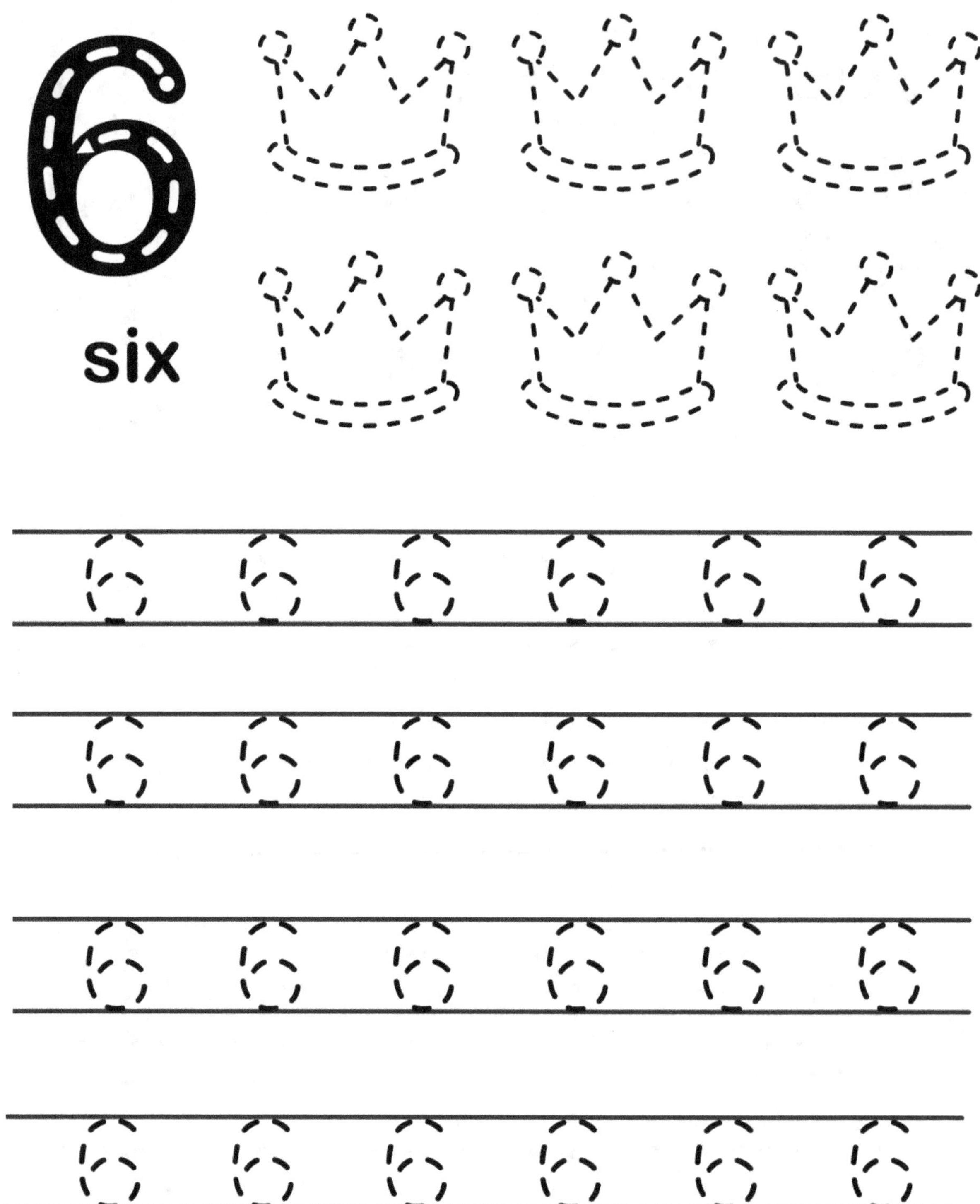

6

six

7
seven

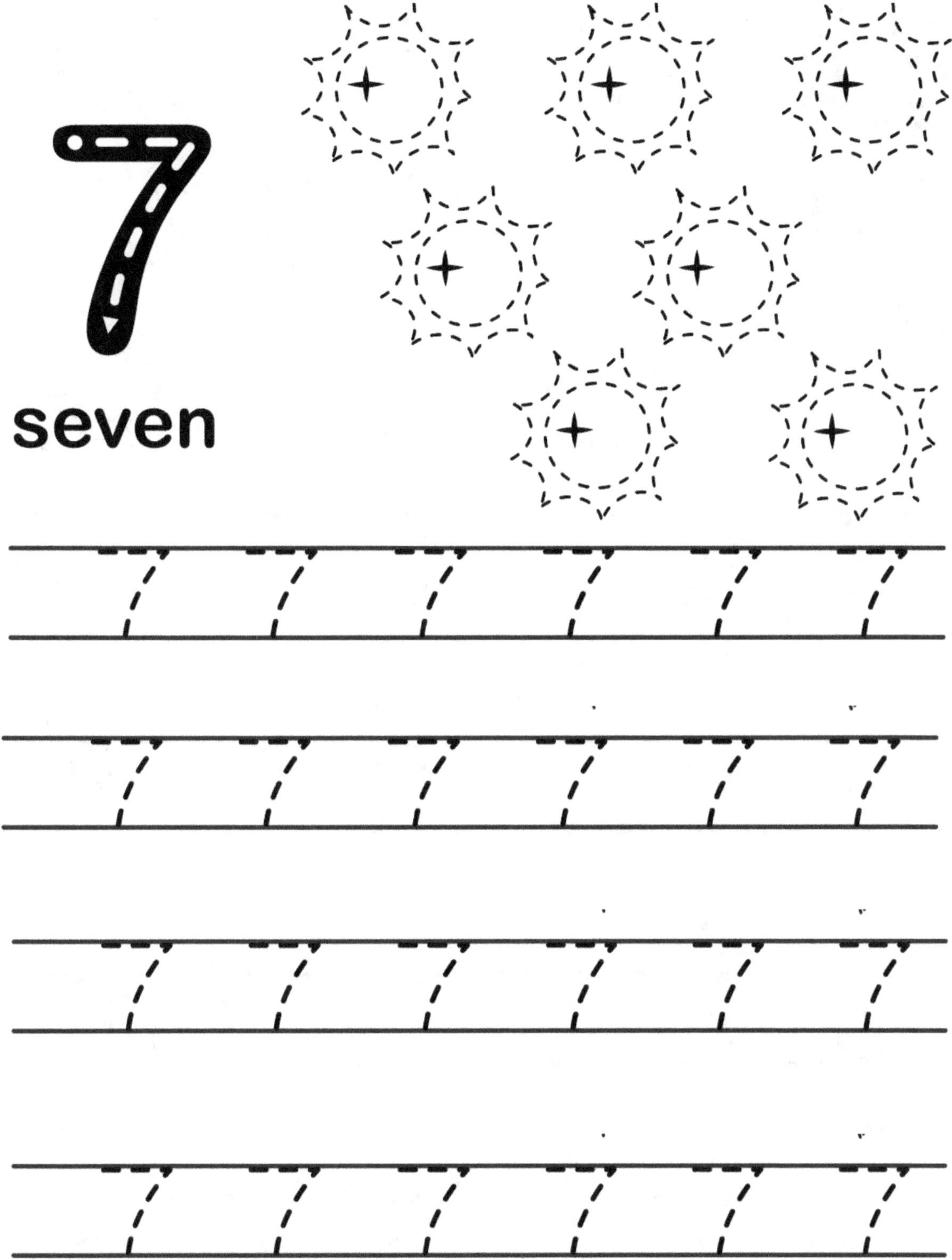

8

eight

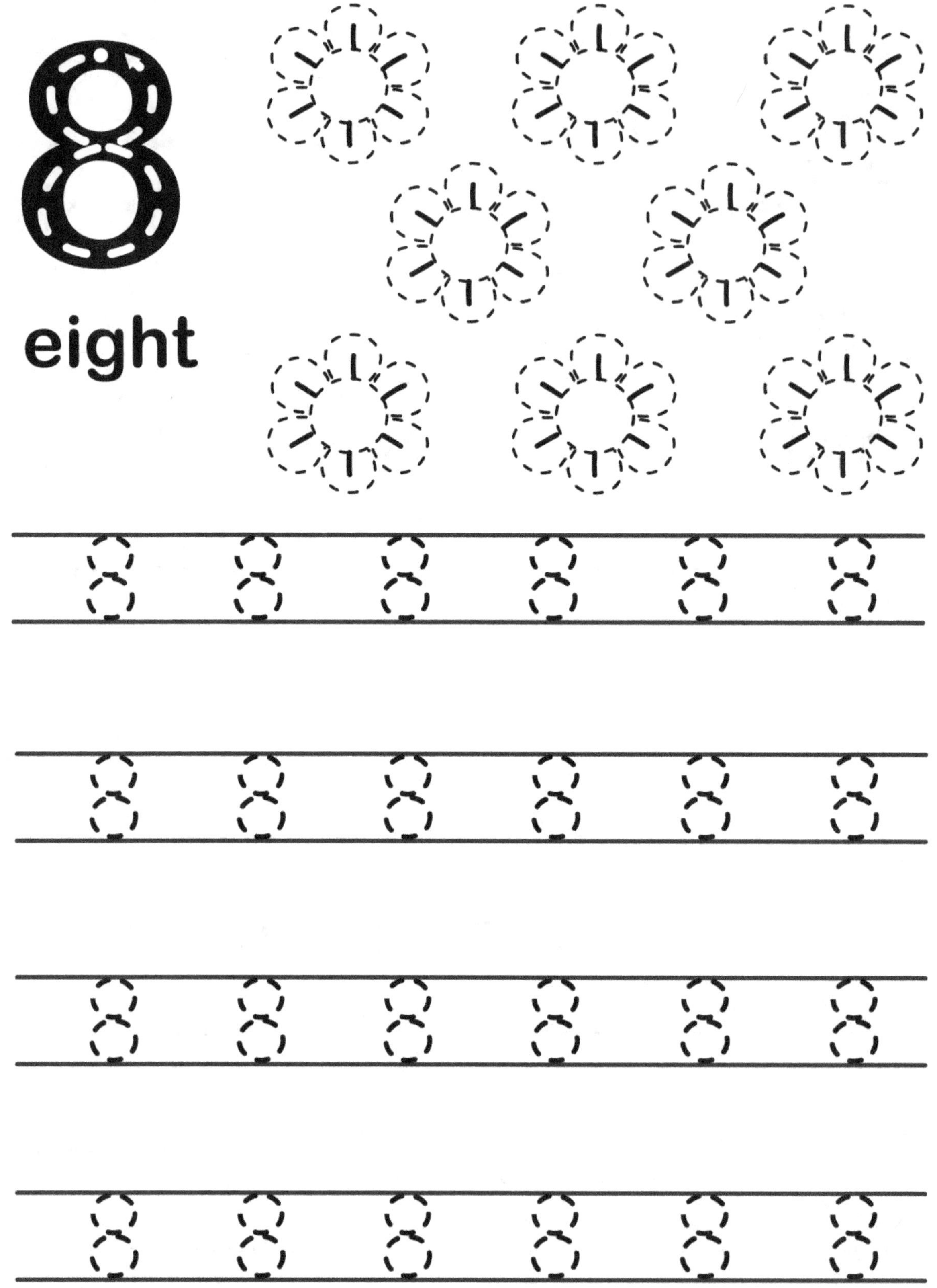

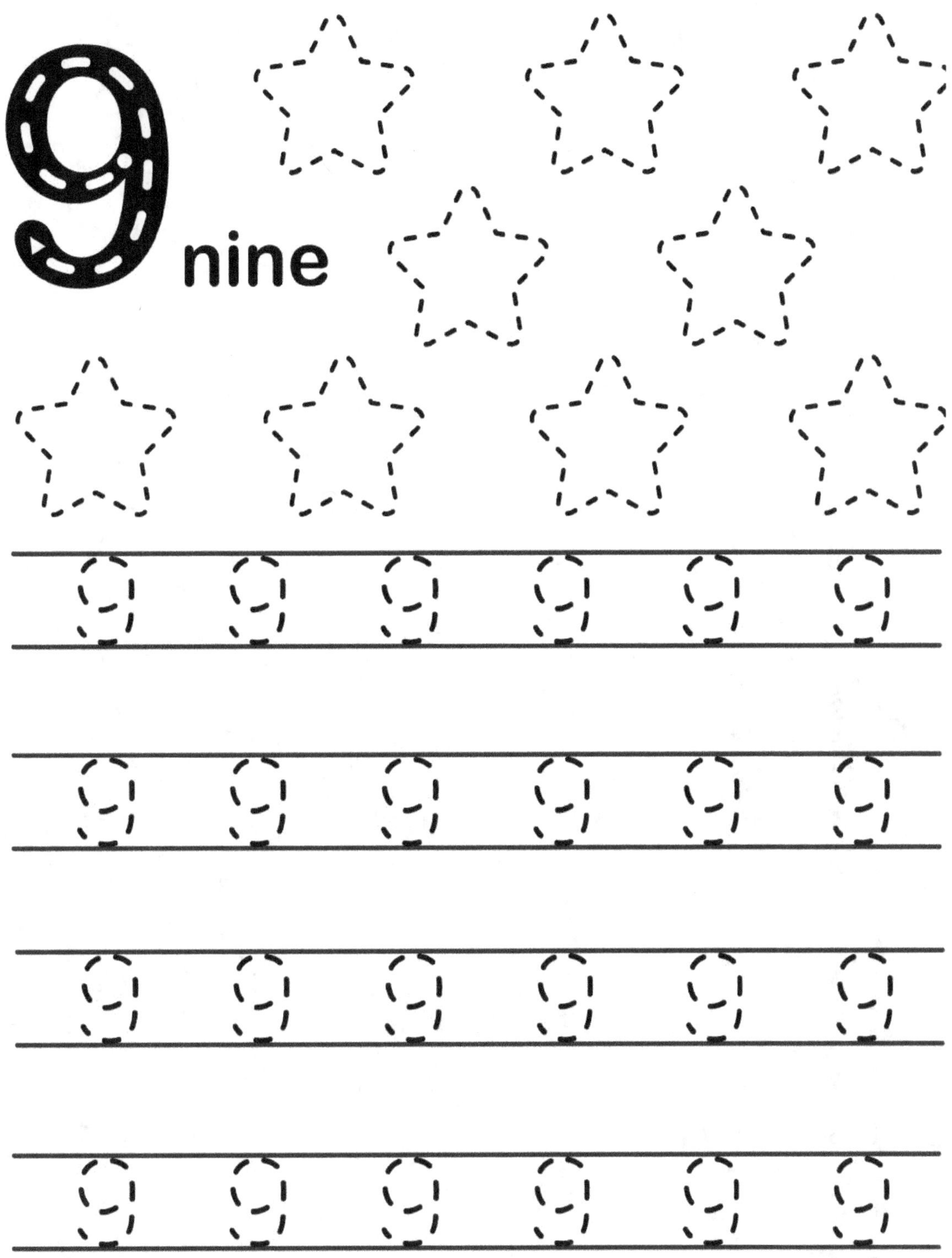

9 nine

10

10   10   10   10   10   10   10

10   10   10   10

10   10   10   10   10   10   10

10   10   10   10

11

11   11   11   11   11   11   11

11   11   11   11

11   11   11   11   11   11   11

11   11   11   11

12

12 12 12 12 12 12 12

12 12 12 12

12 12 12 12 12 12 12

12 12 12 12

13

13 13 13 13 13 13 13

13 13 13 13

13 13 13 13 13 13 13

13 13 13 13

14

14   14 14 14 14 14 14

14   14 14 14

14   14 14 14 14 14 14

14   14 14 14

15

15   15 15 15 15 15 15

15   15 15 15

15   15 15 15 15 15 15

15   15 15 15

10 68 71 7 4 6
51 8 1 9 4 8 3 2
2 10 7 6 9 4 7 6 9
6 3 2 1 8 5 6 9
3 5 4 3 8 2 9 2

END

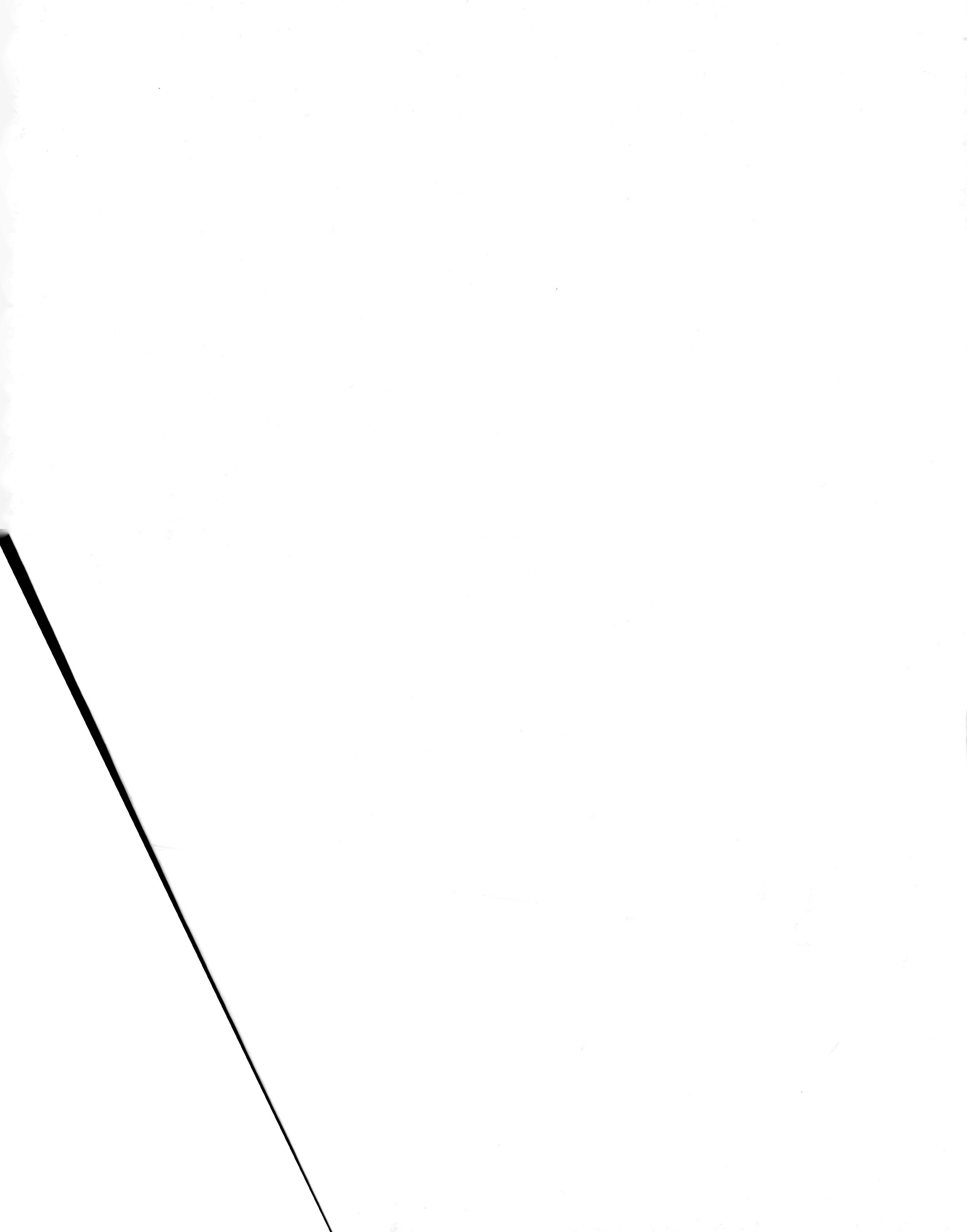

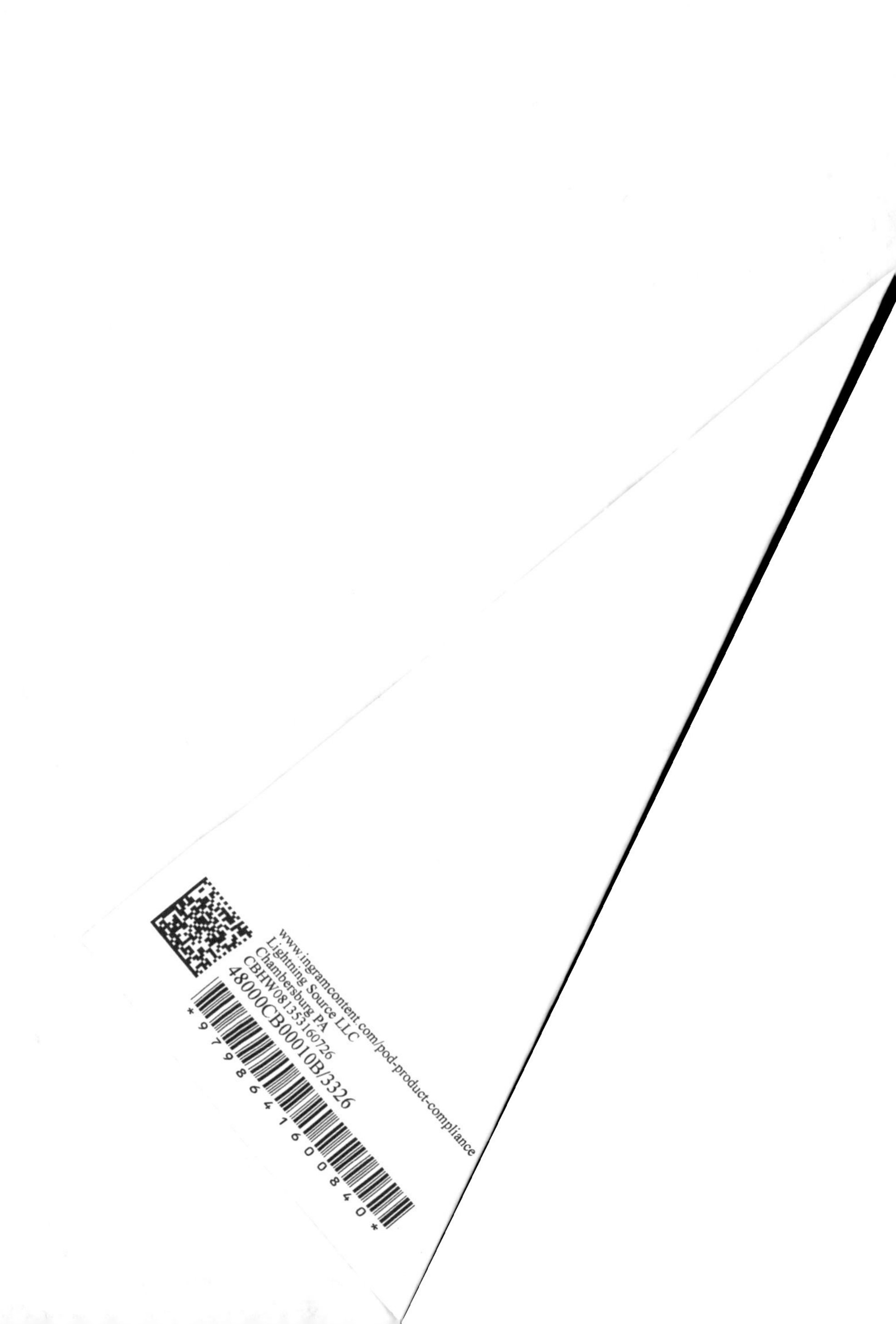